為母則強，偶爾也要放過自己

一位社會學家的真切提醒

ワンオペ育児

わかってほしい休めない日常

日本社會學家

藤田結子 ◎著

簡毓棻 ◎譯

前言

二〇〇〇年初，「敗犬」成為流行用語。而敗犬二字源自於散文作家酒井順子的《敗犬的遠吠》一書。根據書中定義，敗犬一詞意味著「未婚、沒有孩子、三十歲以上的女性」；相對地，勝犬則指跟大家一樣，結婚並育有孩子的女性。當社會普遍對未婚女性叨叨絮絮著「結婚才是女性的幸福」時，《敗犬的遠吠》一書反其道而行地大膽肯定單身的價值，並對未婚女性提出處世建言。如同酒井順子在其著作中開宗明義地說「將人們以勝負這種二分法加以分類，根本荒謬至極」般，全書的精神在嘲諷以已婚與未婚來斷定女性價值的世道。

在《敗犬的遠吠》一書中，曾提及一位「完美的勝犬」——聯合國難民事務高級專員緒方貞子。她不但有位頗具社經地位的伴侶，甚至即使育有兒女，仍然活躍於職場，這般面面俱到的她獲得了各方的尊敬。此後的數十年間，在「女性活躍」的旗幟高張之下，《敗犬的遠吠》一書中曾略提及的「工作與育兒面面俱到的女性」轉而大大地成為了模範。

然而，事實是養育著幼小孩子的女性大多筋疲力盡。從清晨到深夜，家事、育兒再加上工作，壓榨著每一分每一秒。她們一頭毛燥亂髮、非但手指沒有美甲還皮膚粗糙、身上穿著的外出服甚至還黏著孩子吃飯時掉落的飯粒……在公司裡，她們也不斷重複著因為孩子生病必須早退或是臨時請假時，面對主管與同事只得不斷低著頭道歉的循環，甚至連周末假日推著推車、帶著孩子，都得忍受旁人不耐的眼神與反應。只是，這一切在「結婚又有小孩的勝犬何苦之有」的社會氛圍下，當事人只能將內心的不滿與不平衡往心裡吞。

這樣的女性在職場上面對事業有成的男性同事，難免在心裡會不屑地想著「要不是你家裡有老婆幫忙頂著，哪可能會有今天！」她們在下班趕著接小孩、忙著去超市採買準備回家煮飯時，沿路上總是會瞥見端坐在高級餐廳落地窗邊，等著約會的女子身影。這些女子身穿時尚服飾，手指撥弄頭髮時彷彿閃著亮光。對照閃亮的女子們，再低頭看著自己那為了遮掩產後再也回不去的鬆垮肚腩而挑的衣服，內心的焦躁與嫉妒之情倏然出現。為了掩飾內心的紛亂之情，只得趕緊將孩子往腳踏車後座一塞，盡全力冒著汗踩著踏板衝回家。到家後面對孩子們此起彼落的「我好餓」、「水杯倒了」、「幫我擦屁股」、「陪我玩」等各式要求，竟一刻也不得閒。疲累的身心開始發出了悲鳴：「我一點也沒感覺到自己贏了呀……」

我不禁開始懷疑，「婚也結了，孩子也生了，工作也有了」這樣的說法是不是很容易招致誤解呢？沒錯！確實有一群女性即使有了一分正職，卻受制於育兒，被迫進入「媽媽路線」*（mommy track）而流下了後悔的眼淚。除此之外，擁有母親身分的女性，多半只能以非正式雇員的身分找到一份兼職工作，因而只能在「丈夫是公司的正式員工，太太工作是為了貼補家計」的前提下，領著較低的薪資兼差工作。

這些女性們在家庭中獨自工作，也就是一人承擔起大部分的家事與育兒。但事實是，不論多麼認真處理家務、帶小孩也不可能有任何的加薪與升職。換個角度來看，多數扛著「勝犬」招牌的女性，正在職場中領著低於男性薪資工作著、在家庭中做著不知為誰辛苦為誰忙的勞動，每日肩負雙重工作長達十數小時，宛如被壓榨至極的勞工。這一切的一切可以說是個既古且新的社會問題。

然而時至今日，這些女性的哀嘆仍因「勝犬」的光環而為社會所忽視。原因在於，報紙與電視節目的製作人多為男性，因此難以將眼光放在要兼顧工作與育兒之難的現實問題上。

本書為筆者長年觀察，並採訪這些照顧幼兒的女性們與其周遭人們為對象所做的田野調查報告。當然，也因此對分擔育兒工作的父親們有所了解。採訪對象多半以居住在東京首都圈，三十到五十歲的父母為主，而本書中出現的人物多以假名代替。我深切希望能讓

---

*媽媽路線（mommy track）：婦女選擇彈性上班或減少工時以便有較多時間來照顧年幼子女的職業規劃。

更多人關注獨自育兒的問題現況，因而在書寫方式上避開艱澀的用語表現，改以簡單的筆調書寫，以期讓更多普羅大眾閱讀。如果能讓更多人因此願意傾聽母親們的生存紀實，我將欣喜萬分。

目錄

第三章 獨自育兒的孤獨

專欄補充

第一章 生不出孩子的社會

無法兼顧懷孕生產與托育的困難現狀

在我任教的大學，有個女大學生曾經這麼說：「結婚生子後，我希望自己能兼顧工作與育兒。」無關於對工作熱愛的程度，女大學生們絕大多數都抱有相同的目標。這位尚未畢業，就已經取得某大銀行內定資格的女大學生接著這麼說道。

「我希望三十歲前結婚，並且擁有第一個孩子，最好是男孩。在那之前，要能調職到有競爭力的大分公司去。因此婚前全力以升遷為目標，工作擺在第一順位。如果能力可及，四十歲前希望自己能擔任高階管理職，同時擁有第二個孩子，最好是女孩。」

究竟人生是否能如她所規劃的那樣呢？答案是否定的，這樣的願望十之八九不會實現。之所以可以這麼斬釘截鐵地說，是因為我所教過的大學畢業生中，三十歲前結婚生小孩，三十幾歲時已經成為高階管理職的女性，目前為止，一個也沒有。這些女學生們並不特別有雄心壯志，據我所知，一般女大學生們大多也都抱持著「三十歲前生小孩」、「請育兒假」、「繼續工作」這種想要兼顧工作與育兒的具體想法與規劃。

另一方面，如果針對畢業後的工作目標這個主題訪問男大學生們，所得到的答案則非常具體、明確且清楚。

比方說「我希望能到國外工作」、「我希望可以在某某部門上班」、「我想要成為業界名人」等等。

然而，女大學生則非常不同，她們似乎未曾具體思考過，究竟該如何能同時兼顧工作與育兒。但即使如此，多數人卻把結婚生子視為理所當然。我每年都會對前來修課的大學生們做相關的問券調查，男大學生約有九成會回答「希望將來能結婚生子」。

看著眼前這些年輕的女大學生，我腦海中輕易就能浮現一個畫面：在不久的將來，她們會在歷經結婚與懷孕的難關，終於能享受擁有孩子這個幸福果實後，瞬間迎來與伴侶在家事與育兒的責任區分討論中的巨大爭吵。我認為，現在的年輕世代毫無疑問地將重蹈前人的覆轍。

我們的政府鼓勵並支持女性一邊工作一邊照顧家庭，同時鼓勵女性們有這樣的人生規劃：大學畢業前就拿到某公司的內定資格，在二十二、三歲時大學畢業，最好在三十歲之前懷孕生子，因此，在畢業進社會後的二十歲後半找到伴侶結婚。如果第一個孩子在二十八歲左右出生，那麼大約是大學畢業後五年完成結婚生子計畫。這樣想來，萬一沒能如期找到合適對象，則極有可能就此脫離軌道。若順利依照計畫，生完第一個孩子，女性在三十歲就能重返職場，工作個兩三年，在即將成為高齡產婦的三十五歲前生下第二個孩子。細細想來，無論是找工作、找結婚對象、找到保育園*，女性們除了一步步小心翼翼設法突破層層關卡的同時，還必須得在長工時的職場中，以與男性同等程度的工作態度兢兢業業地工作，否則一不小心將遭受「女性也就這點能耐」的歧視眼光，而難以獲得公司的認可。可以說，女性所處環境真是萬般艱辛。

聽說有人將這樣的人生規劃形容為「不可能的遊戲*」。「不可能的遊戲」究竟意味著什麼呢？我試著上網查詢，結果是這樣。

「不可能的遊戲，意指由於難度太高而『不可能過關的遊戲』。不僅需要提升操作技巧與玩家層級，還有許多狀況必得配合天時地利人和才能達成，這不是一般玩家所能想像，也不是靠努力就能破關的遊戲。」（以上解釋引用自KEYWORLD NOTE https://kw-note.com/internet-slang/murige/）

這是個再恰當不過的譬喻。政府鼓勵年輕女性設定的人生規劃根本宛如不可能的遊戲。

懷孕生產的難關

先前提到過，政府期望女性們能在三十歲之前生下第一個孩子，但現狀卻是，光是懷孕生產這一關，前面就已經荊棘密布。當然，老是被逼著要「增產報國」，誰都會感到厭煩。只是現在的社會狀況是就算女性想要生產，眼前卻有無數難題。

女性們的生產年齡之所以越來越晚，其實是受到「非典形雇用增加」、「女性高學歷化」、「女性經濟能力提升」、「價值觀改變」等多種因素影響的結果。而那些想要生產卻面臨重重難關，在無可奈何之下，只好將懷孕生產計畫後延的女性們，卻蒙受媒體與不孕症專科醫生的恐嚇：「女性一旦過了三十五歲，卵子容易老化，可能導致不孕！」

各大都市的不孕治療診所，每一家都大排長龍。不但初診得等待兩個月，看診當日還得等上個把鐘頭。

---

*譯註：保育園：類似台灣的托兒所。日本的保育園主要是給雙薪家庭托育孩子的機構。
*譯註：不可能的遊戲原文為無理ゲー。

然而，就算如願懷孕，擔心的事仍舊多如牛毛：該什麼時候跟公司主管報告呢？到時候能不能順利請到育嬰假呢？請假時的工作該如何分工、如何交接順利呢？主管跟同事會不會嫌棄我呢？生了小孩會不會影響我的職業生涯呢？

偏偏公司的主管大多是男性，連想找到個可以商量的對象都不容易。

如果是大公司的員工，公司有比較完備的育嬰假等相關制度，至於制度如何，這裡先不討論。萬一是非正式員工的女性，就會有「萬一資方要我辭職，怎麼辦？」、「就算運氣好，請得了育嬰假，回歸工作岡位前，如果托育的保育園完全沒譜時，該怎麼辦？」煩惱就是這樣接踵而來。

尋找托育這一關

好不容易如願生了孩子，緊接著而來的是得四處找尋可以托育的保育園。待機兒童*人數眾多的各大都市中，任何人想要進入獲得政府認證的保育園，不論多麼迫切需要托育，都得以點數制（將家庭狀況作為點數計算）來決定。因此，剛懷孕就開始積極處理保育園入園事宜的大有人在。

由於單親家庭所能獲得的點數較高，因此為了獲取點數，有些夫妻會選擇暫時離婚，等孩子進了保育園後再結婚。萬一不幸無法進入保育園，有的女性會心不甘情不願地離職在家帶孩子，有的則會選擇讓孩子進入離家較遠的保育園，以搭電車或是開車的方式接送。

上班時間，電車通勤尖峰期，無論是抱著孩子或是推著嬰兒車搭乘電車都是件非常不得了的事。二〇一二年時，「嬰兒車論爭」一度成為話題，當時輿論針對「推著嬰兒車搭乘早晨通勤電車的母親」這一議題分別有正反兩面激烈的辯論，至今仍記憶猶新。反對者以危險為理由加以反對，我認為其背後卻隱藏著「在公共場所，即社會上，工作的男性應該優先於育兒的女性」這個價值觀。這樣的情況下，就算是大企業中設立了保育園，員工將如何擠著電車帶孩子去上班也成了問題。

主管這一關

就算幸運度過托育這一關，接下來就得面對接孩子回家這個問題。保育園或是托育中心結束營業的六、七點過後，家長還是必須找到願意接手照顧孩子的地方。此時，除了那些有婆家娘家可以幫忙或是有錢雇用保姆的家庭之外，其他家庭就得

*譯註：待機兒童：需要進入保育園，卻由於保育園數目與專業人員不足等因素，只能在家等候進入保育園的孩子們。

親自去保育園接孩子回家。若是上班時孩子突然發燒、身體不適或是臨時有狀況發生時也不能例外。

然而，絕大多數的主管是男性，都有個全職主婦的妻子，由她照顧家裡一切，主管只要專心一意地工作就好。因此能不能碰到一位理解育兒之苦的主管，端看你的運氣如何。據我所知，目前把工作擺在第一位，無法理解因為育兒需求而需要早退或是休假的主管仍舊相當多。

更有甚者，這些主管們對於必須早退或是休假在家帶孩子的男性部下更是嚴苛，他們甚至會給予這些部下「工作不用心」的惡評。

年輕世代的父親們，即使想要花更多時間在孩子身上，需要先跨越的是主管守舊的價值觀這一堵高牆。這樣的狀況中還隱含著在育兒這個議題上的「男性對男性」這個互相對立的結構性問題。

我只能說，育兒這件事，無關性別，只要當事人想要兼顧工作，就一定會帶來危機。

「女性育兒」的關卡

「男性在外工作（男主外），女性在家處理家事與育兒（女主內）」，在日本這個性別意識強烈的國家，女性一旦生育孩子成為母親，大多數就必須從「工作能力強的正式員工」、「全職勞動」這個位置下來成為非正式員工。一旦成為非正式員工，那麼薪水自然也減少許多。

即使有人能繼續以正式員工的身分繼續工作，她在職場上也只能被當作二級戰力，被迫捨棄有責任且有趣的工作，同時遠離升遷的軌道，而踏上媽媽路線，從此與出人頭地一點關係也沒有。我想不論是誰，任何不會得到評價的工作是無法讓人感到有成就感與滿足的。

就算轉做工時短的工作或是非正式工作，早點回到家後，等待著的是每日平均四到五小時的家事與育兒工作。一個人獨自完成這些工作：做晚餐、餵孩子吃飯、幫孩子洗澡再哄孩子上床睡覺，然後做各種家事。殘酷的是，即使努力處理家務與育兒，也不會收到相應的薪水。

在此嚴峻狀態下，我懷疑當第一個孩子滿一歲後，究竟有多少女性順利重回職場。根據某項研究指出，目前仍在職的女性之中，一九四〇年至一九七〇年代出生的女性約佔全體的25%～30%。其中以正式員工身分繼續工作者不超過10%～15%。也就是說，即使進入二十一世紀，女性想要兼顧育兒與工作的難度與以往毫無差別。再者，這些以正式員工資格繼續職業生涯的女性所從事的業種，主要是公

務員、教師、醫療從業人員等較為穩定的工作場域與需要證照的業種。（西村 二〇一四）

今後，女性們仍會以遊戲玩家的身分繼續努力。在學生活中，女性們所經驗到的是，無論在學業上或是各自擅長的體育項目中，只要努力就一定有回報。但是一旦踏出校門，女性們要面對的是，有些事即使努力也不一定會有回報的現實。即使如此，我仍舊相信，只要奮力突破每一個關卡，終有一天女性們也會成為遊戲的勝利者。

不斷發生的產後危機

當女性在好不容易跨越了懷孕與職場的生育歧視（maternity harassment）難關，順利產下孩子，本以為可以鬆一口氣時，有許多人卻又得經歷產後危機。

我大學時代曾發生這樣一件事。朋友A與男朋友感情非常好，從不避諱在人前卿卿我我。畢業之後，他們倆又交往了一段時間才結婚。就在三十歲前，A的工作告一段落，費了些功夫終於懷孕、平安生產。如願生下孩子，該是多麼幸福呀！怎料，之後與A碰面，她脫口而出的盡是對丈夫的不滿。

「那個人只要乖乖工作，然後把錢拿回家就好。只要我能跟這個孩子一起好好過日子，我什麼都不要求。」

每次我跟A談完話，總感到非常失落。明明他們夫妻倆曾經感情那麼融洽，為什麼她會那麼討厭他呢？而這就是所謂的產後危機。

產後急速冷卻的愛情

所謂的產後危機，是指當孩子出生後，夫妻兩人對於彼此愛意的急速減退。這

個名詞首次出現在二〇一二年九月某天的NHK早晨節目「あさいち」中。

該節目當天向大眾介紹了由某民間調查機構「benesse次世代育成研究所」針對三百對夫妻，以「當孩子誕生後，夫妻間的關係如何變化」為題做了調查。調查結果中，關於「懷孕期間，感覺自己真的愛配偶」這一項提問，回答「完全一致」的比例約有74．3％，丈夫跟妻子的比例差不多。但是，當孩子出生後，回答「感覺真的愛丈夫」的妻子比例卻大幅減少。

當孩子未滿一歲時約降為45．5％、滿一歲後約降為36．8％、滿兩歲後約降為34％，跟懷孕時期相比，整整降低了14．3％。另一方面，丈夫那邊關於懷孕期間「感覺真的愛妻子」的比例跟妻子差不多，但孩子滿兩歲後仍有51．7％，減少幅度比妻子緩和很多。

連孩子出生前從未爭吵過的夫妻也淪陷

以下是居住在東京都心的繪美的案例。（繪美是假名，以下出現案例皆以假名標示）。繪美在三十多歲時懷第一個孩子。與丈夫阿亮（三十多歲上班族）向來感情和諧，自交往以來，從未有過爭吵。懷孕期間，她聽人說起產後危機，心中雖然曾閃過「莫非我們也躲不掉」的念頭，但立刻就覺得這件事不可能發生。阿亮因為優秀而頗受公司重用，再加上熱衷於工作，平日非要過了晚上十點才會回家。當時她覺得這樣有事業心又負責的阿亮是值得依靠一生的伴侶。

然而，產後卻有了一百八十度大轉變。繪美對於曾經感覺可靠的阿亮感到憤怒不已。為了帶小孩，她總是睡眠不足，整個人疲累不堪，但阿亮總是藉口工作太累而獨自跑去睡午覺、孩子一哭鬧就嫌孩子吵無法工作。夫妻兩人為了育兒，爭執的頻率越來越高。

某日，阿亮一怒之下指責繪美沒有管理能力才搞不定小孩。明明孩子不是工作，嬰兒因身體狀態而有不同需求，根本無法用工作的管理術應對，從未帶過孩子的阿亮根本不能理解育兒。對此，繪美心有戚戚焉地說道「我現在懂了，為什麼有人說生完小孩後，會想殺了丈夫。」

用日本國旗便當度過危機

產後危機為何會發生？電視節目中，記者太田敏正做了這樣的說明：女性對另一半的愛意突然下降是日本特有的現象，原因在於，日本的男性花費在家事與育兒的時間是世界少見的低落，而產後危機的發生與此有相當大的關連。另一方面，產後危機是由各種女性身心層面的狀況，如荷爾蒙不平衡、身體狀況不良、對育兒感到不安、生活型態改變等等所引起，唯一對策是加強夫妻同心協力的訓練。

有位居住在川崎市的理惠（三十多歲），在她的案例中，她使用了某種方法跨越了產後危機。丈夫大介在外商企業任職，工作極為忙碌。理惠產後，大介有一段時間幾乎完全不處理家務，也不帶孩子。某天晚上，寶寶半夜醒來哭泣，理惠想盡辦法安撫他。這時，大介醒來上廁所，但明明寶寶哭鬧不休，怎料上完廁所後，大介居然不聞不問地逕自回房睡覺。為此，理惠大怒道「太誇張了！」

隔天一早，理惠一如往常地為大介準備了便當。由於怒火沖天，她在便當的白飯中間只放了顆醃梅，也就是做了個日本國旗便當。連同一封寫了「我好傷心，好希望你能關心我們一下」的信裝在便當袋裡。據說，當天吃午飯時，大介打開便當看見白飯跟醃梅，馬上就知道「慘了」，為此深感危機感，之後，他做了改變，多花了些時間在家事與育兒上。這一切都要感謝妻子的日本國旗便當。

難忘產後的怨恨

某個調查結果顯示，丈夫對家事與育兒的參與度越高的夫妻，對婚姻越滿意、生超過三個孩子的比例也會比較高。調查也顯示，產後對丈夫抱持的怨念，可能會持續一輩子。

至於為什麼妻子們會願意與不參與育兒的丈夫生孩子呢？關於這一點與社會學家山田昌弘所說的「工作能力佳的男性比較受歡迎」「社會地位越高的男性越容易受女性注目」有關。也就是說，多數女性認為事業成功、收入高的男性相當具有魅力，也容易與這類男性談戀愛與結婚。（山田　二〇一六）

事業有成的男性大抵是工作至上的。即使孩子出生後，要立刻改變既有的行為模式，有其難度。從女性的角度看來，夫妻倆有孩子之前看來很有魅力的長處，在有孩子之後也就成為了大缺點。既然如此，女性擇偶時應該以會共同分擔家事與育兒的男性為目標，而非以事業第一的男性為目標才是。只不過，人的情感卻總是無法用理性控制。

倒不如說，多數女性在生下第一個孩子前的那個時間點，壓根無法預先考慮到，萬一丈夫根本不共同照顧孩子時，自己會怎麼想。

令我感到驚訝的是，我周遭的朋友們居然也一一正在經歷產後危機。當然也有人正沉浸在生產前的幸福中，並面露微笑地告訴我「等孩子生下來，我丈夫會一起照顧孩子」。身為好友，我只能祈禱她們別陷入產後危機。

育嬰假難請、休了育嬰假卻面臨麻煩

「休育嬰假時，妳要做什麼啊？」

相信許多女性在申請育嬰假時，多會遭遇這樣的問題。「育嬰停職」經常被視為「育嬰休假」，既然是某種休假，就代表了有一段能緩慢悠閒度過的長假，因此容易引起職場主管與同事的誤解。

我想，即使是孕婦本人，在懷孕期間多半也對育嬰假抱持著某種幻想。而招致這種幻想的來源，就是以職業婦女為對象群的雜誌或網站上所刊載關於女強人們如何善用育嬰假「透過函授課程取得某種證照」、「上英語會話課」、「提升自己的多益分數」等的經驗談。

然而，育嬰假要能像這些女強人們這樣度過，除非妳的收入能負擔得起定期的幫傭或是有娘家的後援，否則難以辦到。殊不知，在所謂「休假」的背後，其實是必須二十四小時待命，頻頻應付寶寶在換尿布的哭泣、肚子餓的哭泣、以及不知所以的哭泣聲中那睡眠不足的每一天！

休育嬰假的女性僅占三成

根據日本厚生勞動省（類似台灣衛福部）的調查顯示，二〇一二年之後的育嬰假休假率，女性約有八～九成，男性則是只有1％～3％。從這個數字看來，似乎有不少女性選擇休育嬰假。但值得注意的是，這是把在職中生產的女性也計算在內的結果。二〇一二年出生的嬰兒中，媽媽在生產前一年仍在職，生產後卻有54％已經離職。因此，實際取得育嬰假的女性約只占育有一子女性的三成。（日本厚生勞動省「第一回二十一世紀初生兒縱斷調查（平成22年出生兒）」二〇一二、國立社會保障．人口問題研究所「第15回出生動向基本調查」二〇一六）。

想來應該是要取得育嬰假也很困難。從制度面來說，在育兒與介護休業法中明定，符合一定條件的男女在其孩子滿一歲之前（如果是父母同時取得育嬰假時則為孩子滿一歲兩個月之前），可取得一定期間的休假。

特別是受非正式雇用的女性，想要取得育嬰假更是難上加難。原因在於，在孩子滿一歲六個月前不會更新雇用契約，使得資格界定模糊，諸如此類的問題難以滿足申請條件時，就無法從企業方取得育嬰假。

即使滿足了諸多要件，「休育嬰假會帶來他人困擾」這種職場氛圍與主管的想法也會阻礙人們利用育嬰假這個制度。

育嬰假中仍需連續工作十七個小時

即使產後運氣好，順利取得育嬰假，也絕對無法安心休假。尤其是孩子出生後的幾個月，與其說是休假，倒不如說是勞動來得更貼切，因為這段時間是忙碌時期。如果去公司上班的時間是八小時，照顧寶寶這件事就不是八個小時或是十二個小時可以搞定的。大多數的母親們需要花費比在公司上班還要更長時間在處理家事與育兒上。

以下是居住在東京都的智子（三十多歲）的案例。智子育有未滿一歲與三歲的女孩。她的一天從早上六點開始就被滿滿的家事與育兒填滿至半夜一點才得以休息。

一早起床，先餵母乳，然後準備早餐。丈夫在早餐過後就出門上班。接著，餵大女兒吃早餐，準備送大女兒去保育園。現在大女兒正經歷唱反調的自我主張期，同時她在小女兒出生後，行為也變得更幼稚。智子雖然耐心哄大女兒上廁所與換衣服準備上學，但孩子凡事反對，讓她無可奈何。

送完大女兒上學返家後，等著智子的是成堆的換洗衣物。處理完這些，她按下掃地機器人開關，然後著手打掃浴室與廁所。期間，小女兒如果醒來，就要暫時去安撫她或是哺乳。傍晚，再背著小女兒去採買晚餐所需食材。

採買結束後，到保育園接大女兒回家，立刻著手準備晚餐。此時，大女兒為了引起媽媽的關注，不小心尿在廚房地上，智子只好邊清理邊喝斥大女兒，一股氣從腦門直衝而上。

晚上七點，餵完奶就哄小女兒睡覺。八點，跟大女兒吃完晚餐，接著換陪她上床睡覺，在臥室共讀繪本直到十點。

十一點，丈夫終於踏入家門。智子把晚餐加熱，這才輪到她開始享受休息時間。至此，從早晨六點至今十七個小時，智子完全沒有自己獨處的時間，現在的她吃著冰淇淋，好好地發個呆、看看電視，享受幸福時光。然後，明天早上六點鬧鐘一響，她又得開始重複同樣的循環。

以前工作時，智子在財務部門工作。當我問她覺得工作還是休育嬰假何者辛苦時，她回答道「兩者都不輕鬆」，而這就是育嬰假的實際狀況。

育嬰「假」是由無止盡的勞動所堆疊而來

或許你會對於我把父母照顧孩子當作勞動的這個比喻感到不可思議。實際上，我把育兒與家事視為無法有對價關係的無償勞動。原因在於，即使身為母親，卻以保姆的身分去對外提供照顧孩子的服務時，可以獲得相應的薪資，然而在自己家裡育兒卻一毛錢也拿不到。

育嬰假之所以給人「休假」的幻想，原因在於公司的主管與同事並未充分理解，休假的父母事實上是在從事某種勞動。育嬰假中，父母們所從事的育兒工作，不單只是享受為人父母的幸福而已，他們是在養育下一個世代的孩子們。這是非常有益於社會的事。然而，現實卻是人們將育嬰假誤解為，這些父母有個「休假」而造成公司的困擾。

「四人家庭的幻想」使得生第二胎壓力重重

現代人越來越晚生育孩子，目前面臨遲遲懷不上第二胎而感到困擾的人也越來越多。理由之一是，隨著女性生產第一個孩子的年齡上昇，想要生第二個孩子的年齡也隨之增加，然而越高齡卻越難受孕。現在每四個新生兒中就有一位是由高齡產婦生產的。由於不穩定的雇用條件與職業生涯，使得有為數不少的女性選擇延後生育孩子。有些人即使過了三十五歲高齡，仍能順利產下孩子，但難以受孕的女性比例卻越漸增加。

實際上，目前有越來越多獨生子女的家庭。此生只生養一個孩子的夫婦比例，從一九八〇年代到二〇〇二年約為一成以下，到了二〇一五年左右增加為兩成。但是，一個家庭裡理想的孩子人數遠超過這個人數，從一九八〇到二〇一五年的現在，約有八九成的父母回答說，一個家庭應該要有兩三個孩子。（國立社會保障・人口問題研究所「出生動向基本調查」）。

現今的日本社會中，不論是要繼續工作、懷孕或是育兒都顯得困難重重。在如此困境中，當你好不容易懷了第一個孩子時，周遭的人們馬上接著關心「什麼時候要生第二個」、「只有一個孩子太孤單了」，而帶來了不少壓力。

不能在職場談論的不孕治療

據說，每六對二十到五十歲前的夫妻中就有一對曾經接受過不孕症的檢查與治療。而接受不孕治療的夫妻中，為了懷第二胎而接受治療者就佔了兩三成之多。

讓我們來看看，居住在橫濱市的木村久美子與木村誠夫妻（四十多歲）的案例。他們剛結婚就生了第一個孩子，第二個孩子卻遲遲懷不上。後來在希望為第一個孩子增添手足的期望下，妻子於三十多歲時開始前往不孕症專科診所去接受體外受精手術。

一般，多把夫妻不孕的問題歸責於女性，然而原因出在男性的情況也不在少數。世界衛生組織曾發表一個調查結果，顯示夫妻間不孕原因出在男性者約有24%、出在女性者約有41%、原因在兩者的有24%、原因不明者有11%。但是，不論原因在男方或是女方，女性總是承擔大部分的體外受精治療。

對於在工作與育兒兩頭燒的久美子而言，必須配合醫院的時間表接受治療一事，她遭遇到極大的阻礙。雖然每種治療法各有不同，但是每做一次體外受精治療，她就必須連續五到十天都要去醫院報到。而且還無法確切掌握時間，因為醫院會依照卵子的成長狀況決定她該到醫院接受治療的時間，有時候在上班時間，很臨時地請假前往。然而，久美子卻無法向主管與同事說明這件事。因此她只好時常在無法告知原因的情況下，不斷早退或是請假，因而惹來公司主管與同事的不滿。

工作育兒與不孕治療三頭燒的苦處

久美子有時每週有兩三天必須往來於家裡、保育園、公司與醫院。經常是下午四點過後離開公司，急忙到醫院報到。由於患者眾多，她經常得等上兩小時。再加上，當醫生告知卵子的成長不如預期時，她會非常沮喪而因此更感到壓力。

好不容易看完診，她馬上得衝到車站，趕在保育園托育時間結束前接到孩子。回家後，立刻準備晚餐、餐後陪孩子睡覺，然後整理家務。每晚睡前，她已然疲累不堪。即使如此，隔天六點還是得起床，準備早餐、送孩子與丈夫出門。

萬一醫院醫師要求周末必須回診，而丈夫必須去公司上班，久美子就只好苦尋可暫時托育孩子的處所。之所以不能帶著孩子上醫院，全由於院方貼出一則公告，希望來醫院的人能顧慮其他沒有孩子的患者可能需要安靜，因此醫院方面只限定平日下午可以帶著孩子看診。

對於久美子來說，要兼顧工作、育兒與治療實屬艱難，金錢上的負擔更是一大困境，在這樣的情況下她已經疲於應付。實際上，不孕治療一向需要花費大量金錢。根據NPO法人Fine在二〇一三年的調查指出，花費超過一百萬日圓進行不孕治療的人佔總問卷調查人數的半數以上。但是對於久美子來說，萬一精神上再也撐不下去而放棄，將會被「沒能給孩子一個伴」的罪惡感包圍。

「兩個恰恰好」的社會價值觀與偏見

醫療人類學*家柘植安曇嚴正指出，「不孕」這件事不是帶來人類肉體上的痛苦，而是在文化層面、社會層面上使人們苦於不孕。現今的日本社會中，存在著人們應該在某個年齡層結婚、並維持夫妻兩人與孩子兩人的標準家庭的「理所當然」。一旦人們不符合這個所謂的「正常」模式時，就會遭受他人的排擠與壓力。有些人會苦於「不孕」帶來的負面評價、因而感到自卑，使得身為男人或女人的自我認同動搖。而為了解決這個困擾，人們因而選擇接受不孕治療。（柘植　二〇一二）

對於獨生子女的偏見，難道不是根植於戰後萌生的「家庭裡理想的孩子人數應該超過兩人」的價值觀嗎？我們常可聽到對獨生子女的評價就是任性、安於現狀。然而，也有學者認為「只強調手足關係好的部分，卻把孩子發展不夠好的部分歸咎於少子化，這樣的想法充其量只是對極少數的獨生子女的偏見」、「以往每個家庭孩子眾多的時代，只是剛好符合家庭需求而已」。

事實是，現在已經有許多研究否定獨生子女較任性的說法。甚至也有些研究指出，無論是在協調性、社交性與領導力這些項目上，獨生子女與有手足的人們根本毫無差別。

現在的家族型態其實是不斷改變的。不只如此，我認為正是這種所謂的家庭應有的樣貌，如夫妻與有血緣關係的兩個孩子才是標準家庭等的說法，才是讓人們不斷受苦的根源。畢竟無論是獨生子女的家庭，或是頂客族的家庭，家庭中的成員每個人都能從中經驗到不同體驗，任何人生都應該會很精采。

專欄 日劇「月薪嬌妻」與愛情剝削

二〇一六年播出的日劇《月薪嬌妻》成了一種社會現象。劇本的原型是海

＊譯註：醫療人類學：是社會人類學與文化人類學的一門分支學科，檢視各個社會與文化對於衛生、健康照料等議題的組織方式，以及受這些議題的影響。

野網彌的連載漫畫。該劇首播時的收視率為10．2％，逐集增加，最後一集的第十一集時收視率高達20．8％。該劇的受歡迎程度可以從在該劇結束後，出現一個新名詞「月新嬌妻失落症*」可以看出。

故事的主角是一位遭公司開除的派遣員工，二十五歲女性森山美栗（由新垣結衣飾演）。在某種因緣巧合下，她受雇住進三十五歲男性津崎平匡的家裡成為「家事管家」。京都大學畢業、任職於網路科技公司的平匡從沒談過戀愛。而他以雇主的身分與女主角美栗簽下了「婚姻契約」，讓女主角名正言順地住進他家做為管家，卻沒有婚姻之實。然而，隨著相處時間增多，兩人逐漸對對方有了好感，談起了戀愛，某日平匡興起向美栗求婚的念頭。

這一切起因於平匡遭到公司裁員。失去工作的平匡認為，一旦跟美栗真的結婚有了法律上的關係後，兩人間的雇用關係就會結束，如此一來，原本要按期支付給美栗的薪資就能拿來做為兩人未來的儲蓄。

平匡：「我認為結婚對我們來說是更為合理的選擇。」

美栗：「你是說，只要我們結婚，你就不需要支付薪資，而能免費使用我這件事是合理的嗎？」

平匡：「難道你不想跟我結婚嗎？莫非你不喜歡我？」

美栗：「這是一種愛情剝削。意思是，如果一個人喜歡某個人，就會認為對方只要對我有愛，就能為我做任何事。你真的覺得這是對的嗎？我，森山美栗堅決反對這種愛情剝削。」

美栗對於平匡的求婚，將結婚之後，處理家務就變成無給職一事控訴為「喜歡的剝削」與「愛情的剝削」。

她所感受到的事得要回歸到日本五十年前的社會狀況。自一九六〇年起，社會上有一股聲音「全職主婦所做的家事這份工作明明非常有幫助，為何沒有實際的價值呢？莫非是無法用金錢等價交換的嗎？」因而引起激辯。這個被稱為第二次主婦論爭的運動，當時得到許多全職主婦的支持與共鳴。

以愛為名的免費勞動

日劇中，美栗堅決反對免費烹飪與清掃的「愛情剝削」。在我任教的大學課堂上，我請數百名學生寫《月薪嬌妻》觀後感，因而得知男性與女性的不同

＊譯註：月新嬌妻失落症：隨著熱門連續劇播畢，觀眾們產生了失落心理。

看法。其中，有一部分的男性出現了責難的聲音。

「如果真心喜歡對方，就會願意幫忙處理家務呀！她那麼需要錢嗎？」

「我很難以認同在這裡用『剝削』這兩個字來形容。如果我喜歡的女孩這麼說，我會很震驚。」

「我們無從得知美栗有沒有支付房租。但明明她可以拿到丈夫的薪水呀！」

平凡男子受到一位充滿魅力的年輕女性的照顧，進而談起戀愛。

我認為，這些男性正為這樣一齣劇的浪漫設定感到迷戀不已。但，現實生活中，根本不可能會發生那樣的好事，因而相當迷戀女主角。他們開心地說著「新垣結衣好可愛呀！」也因此，當求婚的劇情轉折來到「愛情剝削」時，他們才會把自己投射到男主角上，而感受到心理衝擊。

社會學家上野千鶴子指出：「這種所謂的『愛』是一種想像裝置，用以促使女性消耗能量將丈夫的目標假想成自己的目標。」只要女性將「愛」擺在極高的價值上，那麼即使免費勞動，她們也能從「家人的心靈相通」與「丈夫的感激之情」中得到補償。因此，以愛為名之下，女性們以捨我其誰的心態做著那些大可假他人之手的烹飪、清掃、清洗衣物等沒有報酬的勞務。（上野

一九九〇）

女學生們開始隱約發現，學生時代並沒有特別學習這些，人們卻試圖以愛之名讓她們甘願去做。與那些天真地相信「只要愛我，任何女性都應該要為我處理家務與育兒」的男學生相比，女學生們對於愛的要求更是嚴格。

女主角美栗這麼對男主角說：

「並不是只要有愛，就能跨越任何難關，有更多時候，錢還是很重要的。」

「我在想，平匡你的心情中，應該是『不用再花錢就能有人免費處理家務，真是太幸運了』的成分大於喜歡我的成分，對不對？」

「我覺得全年無休、免費的全職主婦這個工作是相當黑暗的。」

二十歲左右的女孩們，在家未曾有一手包辦家事的經驗，卻大多受母親的影響。而她們的母親大多是約五十歲的「男女雇用機會均等法世代」與「日本泡沫經濟世代」，多數在工作後就歷經結婚、生產、全職主婦、育兒，並在育兒告一段落後到外面兼職，一邊照顧家中。母親們對於這樣的人生感到滿足或是不後悔，不過，據說她們對女兒們這樣耳提面命。

「結婚後最好是要能繼續工作。這是接下來的時代必然的走向。」

「媽媽希望妳能結婚生小孩，也希望妳能盡情地工作，對人生感到充實。」

像這樣，母親們並沒有否定自己一直以來的人生，卻期待女兒能盡情地去工作。

社會學家上野教授指出，由於母親無法否定自己的人生，因而將與自己的人生互相矛盾的期待加諸於女兒身上。再加上，受到母親耳提面命「妳應該結婚生子」、「妳應該開拓自己的職業生涯」的影響，女兒由此感受到母親的內在分裂（上野・信田　二〇〇四）。體貼母親的女兒們、為此感到沉重，卻也想要為母親實現她的願望。

日劇《月薪嬌妻》以喜劇的形式中為基礎，加入現代社會狀況，並將「以愛為名的免費勞動」這個問題凸顯出來。或許在對女性人生密切相關的這個問題上，能引起跨世代觀眾的關心與共鳴。

專欄補充①

家事與育兒算是勞動嗎？

家事與育兒是勞動的一種，但是一種不會獲得報酬的勞動。從這樣的性質來看，我們也可以稱之為無償工作、無償勞動或不支薪勞動。同一個人在外以工作的形式料裡煮飯的話，有薪資可以領取，相反的，如果是在家中為了家人而料理，則沒有薪資可領。

這是為什麼呢？這些工作內容並無法區分出何者屬於家事、何者不屬於家事。在此用兩種比喻來說，一是在住家附近的熟食店購買馬鈴薯沙拉，帶回家裝盤端上餐桌，一是在家裡自行烹煮馬鈴薯沙拉，裝盤端上餐桌，兩者的味道或有差異，但工作內容是完全相同的。其決定性的差別在於，前者是在外付錢請他人料理，後者是自行購買食材在家料理。

從前的人們會在自家生產、加工與消費各式各樣的食物。自從農業社會演進為產業社會與都市社會後，曾幾何時的自製自銷演變成委外製作與買賣。等到近代化社會成型，市場化更進一步發展，工作區分為「可以販賣的」與「不可販賣的」，在眾多勞動工作中，無法被市場化的工作就屬「家事」。（落合一九九四）。

上述所提到的要點經過社會上的「家事勞動論爭」中而越來越明朗。在日本自一九六〇年代開始，發生了「第二次主婦論爭」（別名「家事勞動論爭」），大家開始討論「『主婦所為之家事』這項勞動明明有益於大眾，為何毫無價值產生（難道無法得到金錢上的對價關係嗎？）」。（妙木二〇〇九）。在歐美各國，以英國為中心，在七〇年代人們也曾熱中於家事勞動論爭，並由義大利發起「家事勞動，請支薪」。

在這裡有個非常大的問題，就是將有報酬的工作分配給男性、將沒有報酬的工作分配給女性。也就是說，用性別角色分割出「男性在外工作賺錢，女性在家負責家事與育兒」這項分工。就算是烹飪料理這個行業，在外領薪的廚師，男性佔絕大多數，而在家庭中為了家人烹飪者則多為女性。

甚至對於將主婦在家為了家人所做的家事與育兒視為理所當然，有個揶揄的說法是，這是份包三餐還包午睡的工作。社會學家仁平典宏曾經這麼評論：「送丈夫出門去職場、培育未來社會棟樑的孩子，這些事絕對不是『無益於社會』。」那麼，若要追究到底為何這些為了家人而做的勞動會得到這麼低的評價，問題就在於支付薪酬的雇用勞工強勢占據了勞動市場。那些無償的勞動並不是因為自身毫無價值而不屬於雇用勞動。相反地，正是因為不屬於雇用勞動而無法顯現出價值。也可以說，「勞動的王國是雇用勞工的王國」。我們現在正面臨的狀況是，正規的雇用勞工更優於無償勞工這個階級制度上。

第二章

對外自稱會一起育兒的父親們

父親們是「不想」還是「不會」育兒？

現今的育兒家庭中，父親也會加入育兒行列中。但即使如此，日本男性處理家務與育兒的時間，在世界各國中仍居末位。

我們常可在周末假日時，看見父親們推著嬰兒車、在公園陪孩子遊玩的身影。為數不少的問卷調查結果也顯示「期望家庭的重要性要在工作之上」、「認為父親也應該加入育兒行列」的父親增加了。

即使如此，令人感到不可思議的是，父親們處理家務與參與育兒的時間卻與一九九〇年代時差距不大。一項政府的調查指出，家中有未滿六歲孩子的家庭中，雙親花費在家事與育兒的時間分別是，母親每日約六小時（職業婦女）、九小時（全職主婦），然而父親卻僅有約一小時。北歐或是美國的父親們的家事與育兒時間則是超過三小時以上。

以上雖屬平均值，但政府的調查報告中還指出，擁有未滿六歲孩子的雙薪家庭中，實際上有八成的父親平常不處理家務；有七成的父親平常不帶孩子。平常會照顧孩子的父親只有全體父親的三成左右（日本總務省「平成二十三年社會生活基本調查」）。

有人說，日本的父親之所以不處理家務、不育兒的主要理由，在於工作時間過長。然而，如果有足夠的時間，父親們是否會積極地參與育兒與處理家務呢？

有時間陪玩也不願意「照顧」的父親們

社會學家松田茂樹將育兒分為「陪玩」與「照顧」兩部分並加以分析，然後得到一個耐人尋味的結果。如果父親的工作時間變短，他們陪孩子玩樂的「陪玩」次數會增加，但幫孩子準備飲食與洗滌衣物或是洗澡的「照顧」次數卻不會增加。（松田　二〇〇六）。

實際上，我曾聽過這樣的故事。三十多歲上班族的拓也，兒子一歲，由於積極參與孩子的各式活動，而得到親朋好友的「好爸爸」稱號。但當別人進一步向他問起在家帶小孩的辛苦時，他這樣回答。

「我是不幫孩子換尿布的。那些事是太太的工作，所以我不管。」

當時坐在面帶微笑的他身邊的太太露出些許困擾的表情。

另外，四十多歲上班族的淳，有個兩歲女兒。他平日負責送女兒到保育園，周末假日則負責「陪玩」。他的太太友美，同為三十多歲的上班族，則在某家中小企業中擔任業務職位，她至今仍對公司感到歉疚，因為她跟主管爭取「每天得準時下班」。平日到保育園接女兒回家、準備晚餐與清洗衣物、照顧女兒等，這所有一切都是由她一肩扛起。

友美通勤時間長，每天都感到疲累不堪，於是拜託偶爾早到家的丈夫淳幫忙處理家務與照顧女兒。

沒想到，丈夫竟以「我實在不會處理家務與照顧小孩。我比較會上班工作，如果是工作，我願意多試試」為由拒絕了妻子友美。不論友美如何拜託，對方就是拒絕，使得她對丈夫不再信任。

「家事只是單純的勞動，育兒則是休閒！」

父親們對於家事抱以一貫消極的態度。根據社會學家大和礼子的調查指出，父親們多數具有這樣的想法「我想跟孩子遊玩但不想處理家務」、「處理家務又得不到報酬」、「家事只是勞動而已」。

另一方面，母親們容易將處理家務很女性化這樣的性別認同加以連結，並多半將家事攬在身上。只不過，女性並不是生來就擅長處理家務的。

大和礼子進一步指出，比起處理家務，父親們之所以比較積極育兒，原因在於父親的主要職責在「工作賺錢」，而將育兒視為休閒所致。事實上，父親們在提到「育兒」時，大多不認為自己是在「照顧孩子」，反而是指在跟孩子「遊玩」。（大和・斧出・木脇　二〇〇八）。

許多調查報告皆指出，聲稱自己在育兒的父親們雖然經常與孩子「遊玩」，卻不「照顧孩子」。這些父親們即使有時間，也絕對不會多花時間在準備餐點、清洗衣物與為孩子換尿布上。

我們已知，男性參加育兒與否頗受出生率的影響。在瑞典與美國等出生率高的國家，父親照顧孩子的比例遠比日本要來得高許多（詳細請參看專欄「海外的育兒狀況」）。

家事育兒一把抓的超級爸爸的困境

前面提過，日本的父親們即使願意與孩子一起「遊玩」，也絕不「照顧孩子」。這其中有幾項理由。

三十多歲的A先生任職於房屋仲介公司。妻子平日在外兼職，孩子四歲。A先生每天加班，回到家大多是晚上十點左右。因此，平日完全不處理家務，也不帶孩子。為此，有時妻子會與他發生爭執，但即使吵架，A先生也沒有任何改變，妻子已經放棄說服他。

大致說來，父親參不參與處理家務與育兒的原因，主要有三個。首先受到父親與母親個別置身的狀況所影響。工作時間長為其理由之一，另外「母親工時較短」「另有祖父母可以就近幫忙帶孩子」等狀況，是讓父親能降低對家事與育兒的關連的主要原因。

第二，父親與母親個別的「收入」也影響著家事與育兒分擔比例。（大和・斧山・木脇　二〇〇八）。

處理家務與「照顧孩子」的父親

讓我們來看看，B先生（三十歲男性）的案例。B先生任職於出版社，妻子是全職的專業人員，孩子三歲。B先生與A先生相同，都需要加班。但與A先生不同的是，B先生會幫忙分擔不少家事與育兒。每天早上，B先生會洗碗盤、做早餐給孩子吃，送孩子到保育園。有空的話，他會將衣物放進洗衣機清洗，衣服洗好晾乾後才出門上班。另一方面，妻子則負責去保育園接孩子下課與採購食物，並烹煮晚餐與孩子一同用餐。

周末假日，B先生不只會照顧孩子，也會跟妻子輪流煮午餐與晚餐。每天累得要命，連去理容院剪頭髮的時間都沒有。為何B先生會分擔這麼多的家事與照顧孩子呢？原因在於，妻子的收入與他不相上下。

父親或母親在收入與學歷上較高的那一方，能在家事與育兒分工上，採取較為強勢的溝通立場。多數情況下，父親收入較高的話，母親在家事與育兒的負擔會比較高。但是，B先生的案例中，當母親有較高的收入時，父親的育兒分擔比例也會增加。

如果父親是家庭的主要收入來源，那麼收入較低的母親又會如何呢？由於「出外賺錢」是加強男性權力的要素之一，因此事態會變得比較複雜。雖然現在能接受在家當家庭主夫的男性變多了，但賺錢較少的父親有時會為了保有一家之主的地位與男性尊嚴，反而會選擇不處理家務也不照顧孩子。母親這邊也會為了不破壞夫妻關係，而選擇邊工作邊照顧孩子與丈夫。

「男性賺錢」的規範

最後一個理由是，意識。

有個說法是，如果父親「男主外，女主內」的性別角色態度（Gender-Role Attitudes）意識較強烈者，不太會參與家事與育兒。

據我像家中有孩子的家庭詢問，結果多數男性都認為，父親應該要參與育兒。然而，現實為何與調查結果背道而馳呢？

關於這點，社會學家小笠原祐子這樣說明：「原因在於，性別角色態度意識是多元且複雜的。」也就是說，人們即使接受了「男性育兒」「女性工作」的新型角色，卻仍難以從傳統的「男主外，女主內」的角色中脫離。（小笠原　二〇〇九）。

就連剛剛提過的不處理家務也不帶孩子的A先生也並不那麼堅持要「男主外，女主內」。如同相同年齡層的男性女性一般，他是贊成男性在家育兒與女性外出工作的。

然而矛盾的是，他內在已深刻內化的「男性要出人頭地」的規則。為了不脫離出人頭地的軌道，因而自主地延長工作時間。結果就是，育兒與家事都讓妻子一肩扛下了。我認為，現在為數不少的家庭都處於這樣的狀況裡。

被迫分身乏術的「超級爸爸」

現在的工作方式多元，有一部份男性選擇在孩子出生後，休了育嬰假，或是為了家人選擇換另一份工作，或是拒絕了升遷必須的公司任派。也就是，只要身為父親者有意願，任何人都可能改變長工時等的「狀況」。大多數的父親之所以過著以工作為主的生活，應該是受制於「男性應該要工作賺錢」與「男人就該出人頭地」這類價值關的規範，而無法減低工作量與工時。

在美國，人們將兼顧工作與育兒的母親稱之為「超級媽媽」，那麼前面提到的B先生也是把工作與照顧孩子兩者處理得很好，堪稱是「超級爸爸」了。（小笠原二〇〇九）。

B先生對於現在的生活狀態感到相當窘迫，他決定近期內跟公司商量要減少工作量。然而，眼看著跟他同一時期進公司的同事晉升，他又想要自己能在工作第一線上有所發展。就這樣，他在希望能「好好照顧孩子」與「工作崗位上力圖表現，不想被看衰」的心情下，陷入天人交戰。

大多數日本的企業採取的是讓中堅的員工們無底線地工作，彼此競爭的人事制度。將此制度與「像個男人般＝出人頭地」的價值觀牢牢綁定的結果就是，許多男性難以提早回家，或是不回家參與家事與育兒。如果維持現今的工作方式以及支持此工作方式的價值觀，那麼父親難以負起育兒的狀況將無法改變。

自我意識高的男性們如何巧妙地逃離家事

前面提過，日本與諸先進各國相比，男性參與家事與育兒的時間是最低的。一項二〇一三年實施的調查結果顯示，一個家庭中分擔家事的比例大約是妻子占85％，丈夫約占15％。即使是雙薪家庭，約有半數的家庭中，妻子分擔了超過八成的家事。而在雙薪家庭中，丈夫每週做一次家事的比例，依各別家事項目來看，大致如下：

▽倒垃圾53％▽餐後整理45％▽清洗衣物41％▽日常採買40％

▽清洗浴室39％▽烹飪料理30％▽打掃居家環境29％

（國立社會保障．人口問題研究所「第五次全國家庭動向調查」二〇一五）

半數以上的丈夫雖然每週會清理圾垃一次，但即使是雙薪家庭，烹飪料理與打掃居家環境約只有三成的丈夫會做，而清洗衣物、採買與清洗浴室約只有四成的丈夫會處理。

認同「男性參與家事與育兒」，事實卻不然

根據內閣府的「女性的活躍推進相關調查」（二〇一四）中，未滿六十歲的男性約有六成回答「男性理當處理家務與育兒」。其他的調查結果也顯示，多數男性贊成參與育兒與處理家務。然而，社會整體雖傾向同意男性如此，何以現實中大多數的男性都不太願意處理家務呢？

美國加州大學柏克萊分校的名譽教授亞莉．霍奇斯柴德（Arlie Russell Hochschild）在其著名的研究「第二輪班（the second shift）」中，針對五十對雙薪家庭歷經十年的追蹤研究中發現，夫妻嘴上說的「相信」與「實際上感覺到的」之間藏有矛盾。

也就是說，在這份研究中清楚知道，即使是平日將「妻子只要專心工作就好」、「男性理應分擔家務與育兒」掛在嘴上的男性，其內心深處多懷抱著「自己是為了家人而認真工作，對於處理家務與育兒感到厭煩」、「對於妻子熱衷於工作感到憤怒」等想法。

男性想方設法迴避處理家務

面對不積極處理家務也不照顧孩子的丈夫，雙薪家庭中的妻子或多或少會對丈

夫施加壓力。霍奇斯柴德教授的研究中發現，當妻子施加壓力時，丈夫無論是有意地或是無意地會採取以下策略：

●說出違背真心的理由

有一部分男性雖然認為處理家務是女性在家庭中主要的職責，內在卻是不希望失去得到妻子照顧的「特權」。另外，他們隱藏這份心情，試圖以諸如「我工作很累」、「工作壓力很大」等其他理由，迴避分擔家務。更有甚者，將「我從小就沒做過家事」放在嘴上。

●堅持只做特定家務

丈夫會堅持做某些家務，如「我會負責照顧狗狗」、「我來負責洗車」。並以負責上述事項為由，拒絕分擔其他多數的家務。除了無法等待的烹煮三餐等項目，他們願意分擔的家務多數是那些與自己的興趣相近、能夠控制時間的那些項目。

●堅持減少家務量

如果妻子請託丈夫「幫忙做飯」、「自己燙件襯衫」，丈夫多半會這樣回：

「別這麼麻煩自己做飯，吃外面就好」、「穿縐襯衫無妨，不用花時間燙」。聽起來像是提議減少必要的家務，實則是想要逃避分擔家務。

●家中支柱的尊嚴

有些丈夫會為了繼續保有家中支柱的地位與尊嚴，反而不處理家務與照護孩子。而妻子在以夫妻關係和諧為重的心態下，會放棄要求丈夫分擔家務，只得獨自邊顧及工作邊照顧丈夫與孩子。

像這樣，一旦妻子請託分擔家務與照顧孩子時，立刻採取抗拒不從與逃避戰略的丈夫不在少數。

無論是日本還是美國，女性擔負較多的家務與育兒事務。原因並不只在於男性單方的想法。似乎也與女性認為「只要丈夫分擔家務，我家就比較厲害」以及「不想再為了這件事起爭執，乾脆全部一手包辦」的想法有密切關係。

隱藏著家事分擔不公的「家人神話」

忙於工作也忙於家務與育兒的母親們，也運用了許多戰略試圖讓家庭裡的分工起一些變化。女性朋友常接觸到的媒體上，也經常會推薦以下的方法。

●讚美

以各種讚美試圖引發丈夫們的意願，如「爸爸做的咖哩飯比媽媽的還要好吃呢！」、「工作能力強的人也擅長處理家務喔！」

●讓家務與育兒狀況透明化

將家務與育兒的分擔狀況以圖或表格加以視覺化，藉此讓丈夫清楚知道，妻子肩負了比較多的責任。調查中，常可發現，一旦將分工狀況透明化，丈夫就會願意分擔比以往更多的家務，夫妻將更能同心協力維繫家庭。

另一方面，有些丈夫卻並不如此。即使是雙薪家庭，他們強烈認為「處理家務與育兒是女性的職責」，就算妻子直接與他們溝通，也毫無所獲。此時，女性們會採取間接策略如下。

●假裝自己不擅長

採取此項策略之前，妻子得要在平常就表現得「一點也不希望男人來處理家務」的態度。此外，還要裝做很無能：「不會打掃」、「提不動重物」、「算錢算不清」，然後將打掃、購物與管帳的事務全數拜託丈夫處理。丈夫只要在沒有發現真相的情況下，繼續幫忙，總有一天就會分擔家務與育兒。

●裝病

妻子先大膽宣布「家事就由女人家來做就好」，大張旗鼓地準備開始處理家務，然後轉而宣告「我好累，身體不舒服」，順便躺上床。不需要慎重有個病名，只要說自己頭痛、背痛、腰痛即可。丈夫為了體貼病弱的妻子就會動手處理家務與育兒。

●不行房

如果當天丈夫不做家務也不幫忙照顧孩子的話，就以「做了一天家事又照顧孩子累翻了，今天就不要了」為由拒絕丈夫。

對丈夫失望的妻子，請減少自己的負擔

如果做了種種努力，丈夫依舊不為所動時，妻子們該如何是好呢？有些女性會開始減少自己的負擔。

- 減少工作時間——減低花費在工作上的時間與降低熱情，選擇工作時間短的工作或是不指望有升遷機會的媽媽軌道。
- 減少與家人共處的時間——減少照顧丈夫以及與孩子共處的時間。
- 藉助可以依賴的人們——借助祖父母的協助，或是找幫忙處理家務的公司與照顧孩子的保母。

另外，當然還是有些女性們會全部攬在身上自己做，她們不但在工作上表現亮眼，處理家務與育兒也不遑多讓，堪稱是超級媽媽。事實上，越是懷抱「處理家務與育兒是女性的職責」這種傳統觀念的女性，越容易成為超級媽媽。

女性最後依靠的「家人神話」

霍奇斯柴德教授在其研究中發現，為丈夫不分擔家務與育兒所煩惱的女性們，為了逃避夫妻間緊張的狀況，會在無意識中做出「模糊核心真相的現實認識」，而這就是所謂的「家人神話」。

雙薪家庭中，女性們對於施加壓力予不太分擔家務與育兒的丈夫一事感到疲乏。即使丈夫只負責早上出門時順便倒倒垃圾以及假日時與孩子遊玩，她們也會自己編織出一套「反正丈夫已經在早上與周末假日分擔了家事與育兒，算是公平分擔了」的家人神話，試圖要相信它。

為了避免糾結於分擔家事與育兒的心情以及可能離婚這種不幸的結果，而忽略現實。

在日本，雙薪家庭中，育有未滿六歲孩童的雙親花費在家事與育兒上的時間，母親每日約六小時，父親僅只有一小時。這個數字充其量只是平均值，實際上約有七成的父親不幫忙育兒，而約有八成的父親不分擔家事。

與其他國家相比，日本太太們的家務負擔要大得多，且分擔起來也未見公平。不只如此，從社會學家不破麻紀子所進行的國際比較調查結果得知，日本女性們對於家務分擔現狀難以察覺到不公平的狀況存在。理由在於，妻子周邊的女性們也多分擔大部分家務，因而對於自身的狀況感到理所當然。她們多抱有這樣的心態：「每天處理家務很辛苦，但大家都一樣，沒辦法」。因此，即使女性們每日長時間工作，還擁有高學歷，卻仍難以感到不公平。另一方面，在男女家務分擔較為平等的歐美各國中，反而妻子們比較容易感到不滿。

日本的家庭中，有無數的神話，或許這也讓人比較容易相信「家人神話」。

自稱好爸爸的父親引發女性反感

在媒體上常出現各式關於「好爸爸」的討論。二〇一六年前眾議院議員宮崎謙介宣布將休一個月的育嬰假，獲媒體封為「好爸爸議員」，一度成為話題。可惜的是，就在妻子臨產住院之際，又遭媒體揭發他與其他女性外遇，瞬間引發眾怒，因此而辭去議員一職。

其他還有，育有四兒經驗豐富的模特兒中林美和在推特上，揭露身為音樂家並有好爸爸封號的丈夫的真實樣貌。

「處理家務與育兒根本都是我在做。我還要兼顧自己的工作。偶爾為了工作要將孩子託給丈夫一陣子，但沒有體溫計就足以令他焦慮不堪。」

「他只會在外表現得很好，真令人作嘔。」

此舉引起母親們的共鳴。

為此，以女性為主要對象的媒體中開始出現「自稱好爸爸」、「偽好爸爸」、「信口開河的好爸爸」、「假掰好爸爸」等語句，可知女性們對於「好爸爸」多有反感。至於，為何「好爸爸」一詞會惹怒女性們呢？

「出外的好爸爸無法減少妻子的家務與育兒量」

理由之一在於，即使「好爸爸」一詞為一部分的男性帶來好處，卻無法大量減少女性需要負擔的家務與育兒比例。而女性們開始發現這樣的事實。

三十多歲的上班族純子也是其中之一。純子一般邊上班一邊照顧兒子與女兒。丈夫龍也（三十多歲的上班族）平常非常積極地參與保育園的活動，因而獲得「好爸爸」稱號。

然而，事實上，龍也把工作擺第一，每天不是加班就是出差，家務與育兒全部由純子一肩扛起。當純子開口希望丈夫能多幫忙照顧小孩時，他這樣說道。

「我很努力工作賺錢，也幫忙倒垃圾。為什麼還要一直抱怨呢？」

某日，保育園打來電話說，兒子發燒，希望爸媽馬上去接回家。當天非得出席重要會議的純子於是打電話給丈夫龍也，希望他去接孩子回家。沒想到，龍也以「我也抽不開身」為由拒絕，並果決地掛斷電話。

純子從自己的經驗來看，她不自覺地認為越是人稱好爸爸的人，應該越是實際上沒在帶小孩的人。

當好爸爸登上檯面，背後是妻子的獻身

在東京都負責女權運動的香織（三十多歲的職員）對於友人「好爸爸」X先生（三十多歲）的存在感到心情複雜。

X先生是某方面的專家，工作之外，他擔任「好爸爸」團體的委員、四處演講，常上媒體接受訪談，因而頗有知名度。X先生平日晚間要參與團體的會議，周末假日也要出門去演講。

然而，香織明白某個事實。那就是，當X先生以「好爸爸」之姿在人前活躍時，他的妻子必須要負擔所有的家務與育兒，在背後支持X先生的「好爸爸活動」。

以下是發生在香織與X先生共同出席育兒活動時發生的事。當X先生在台上發表關於育兒的想法時，底下的老太太們紛紛感動地大讚「了不起」。但當必須兼顧工作與家務育兒的香織或其他女性發言時，卻聽不到任何回饋。

或許X先生的「好爸爸」活動確實能對社會產生好的影響，但香織只要一想到，X先生的妻子一人承擔著家務與育兒時，就不自覺地感到煩躁。

父親們把參與育兒視為理所當然的那一天會來嗎

「好爸爸（イクメン）*」這個詞，是由博報堂的美術設計師丸田昌哉想出來的。後由博報堂的男職員們設立「好爸爸部落格」，宣告「育兒的爸爸最帥」。二〇一〇年當時的厚生勞動省首長長妻昭在國會中發布「希望推廣『好爸爸』一詞」，後廣為全國人們接受。（石井 二〇一三）。

實際上，有越來越多的父親分擔更多的家務，並照顧孩子。在這個「男人工作至上」價值觀根深柢固的社會中，多推動一些活動，讓更多男性願意積極地參與育兒與處理家務的觀念得以推廣，相當重要。然而在某項調查中得知，三十到四十歲的男性平日處理家務（包含育兒）的時間，從二〇一〇年的每天四十五分到二〇一五年每天四十四分，可以看出有減少的趨勢。（NHK放送文化研究所「國民生活時間調查」）。而男性的育嬰假休假率則是，二〇一〇年的1・4%、二〇一六年的3・2%，只增加了一些。

與「好爸爸」一詞的推廣效率相比，在這六年中，家有孩子的男性參與家務與

*譯註：イクメン：是日文的「育児をするメン」的縮寫，中文意為育兒的男性。翻譯為好爸爸較貼近台灣狀況。

育兒的時間幾乎沒有增加。從之前的調查結果可以看出，三十到四十歲女性處理家務的時間，在二〇一〇年為五小時二十三分、二〇一五年為五小時二十九分，女性仍舊承擔許多。

日常生活中，常可聽到「好爸爸」一詞，也看到不少所謂的好爸爸，但身為母親，女性們卻絲毫不感覺到一絲輕鬆。也因此，「好爸爸」一詞才會這麼受歡迎。

究竟「好爸爸」一詞能不能更滲透進男性們的心裡，進而增加男性們真正參與育兒與分擔家務的行動中呢？「好爸爸」一詞真正的價值在於，未來長工時的狀況是否真能改變，讓男性們能理所當然地參與育兒與處理家務。

專欄 丈夫真的是因為工作而不在家嗎？

「不好意思。今天會工作到很晚，你們先睡，不用等我了。」

這個世界的男性們，不分平日假日，總是忙於工作。他們嘴巴上總說自己很想回家照顧孩子，無奈公司不讓他們回家。

各位，你們相信這些親耳聽見的話語嗎？我可是非常懷疑的。

當然，其中不乏真心想要早點回家幫忙分擔家務與照顧孩子，卻被迫得留在公司長時間工作，有家歸不得的男性們。如果他們能早點回家，想必應該會主動照顧孩子。另外，實際上調整工作狀況，讓自己能提早返家，與妻子分擔家務與照顧孩子的男性實在稀少。

「家庭太沉重，公司較放鬆」的逆轉現象

然而，我相信有一部分男性是明明可以設法調整工作時間，卻真心認為與其育兒不如工作更好，而選擇沉浸於職場之中。而這個「工作較好」的理由之中，據說分為「工作比育兒來得輕鬆」、「工作較為有成就感」等各種各樣的模式。

我之所以這麼斷言，並不是出於我個人的偏見。霍奇斯柴德教授有一本著名的研究著作《時間綁定：當工作成為家庭和家庭成為工作時〈*The Time Bind: When Work Becomes Home and Home Becomes Work*〉》，內文中明確點出，美國某大企業的員工們嘴上掛著「家庭第一」，實際上卻花極多時間在工作上的狀態。背後原因恐怕就在於，當丈夫們回到家後，除了疲於應付家事與育兒，還要就職責分擔上與另一半產生紛爭，倒不如就留在公司反而還比較輕鬆。所謂的「家庭與公司的逆轉現象」，即雙薪家庭中「家庭太沉重，公司較放鬆」的

逆轉現象正在發生。

即使工作結束，還要黏在職場的丈夫心理

同樣的情形，在日本也可見。比方說，上班族山口彩香與丈夫崇的案例。崇自從寶寶出生，總表現得很興奮，實際上卻一點也沒有想要幫忙照顧寶寶的意願。夫妻兩人是因工作相識而結婚，並且在同一家公司上班。崇每日早晨七點從家中出門去上班，約在晚上十點左右回到家。周末假日多半也會離家去上班。

對於崇的狀況，彩香這麼回答道：「我跟先生提過，要請他調整一下工作時間，他總回說『我真的沒有休假』。但我知道，我們公司一向是周末假日加班，平日就能休假，或是早點下班回家。」

彩香對於丈夫明明能調整工作時間，卻刻意待在公司感到憤憤不平。因為同處一個職場，她才能因此看清現實。

有一部分男性把工作掛在口頭上當藉口，實則不願意照顧孩子。奇怪的是，孩子明明那麼可愛，為何卻不願意照顧呢？這真是大哉問。順帶一提，某個調查報告指出，發生家庭與工作逆轉現象的美國，每位父親一日約有三小時

的時間花在處理家務與育兒上。反觀日本，即使是雙薪家庭，約有七成的父親不照顧孩子，約有八成的父親不處理家務。

社會學家筒井淳也指出，即使是工作時間差不多的雙薪家庭，在日本妻子每週也會花費比丈夫多上十個小時的時間在處理家務上。據說，「與歐美諸國男性相比，日本男性把不處理家務視為理所當然，因為工時長，即使想處理家務也無法如願呀！」這樣的說法在統計學上並說不過去（筒井　二〇一五）。謎題越來越深奧。

口裡喚妻子為「媽媽」的男性意識

如前所述，男性不育兒的理由之中，除了工作時間長外，自家爸媽是否提供協助、薪資多寡，以及男性「工作至上」的社會規範都是。另外，「處理家務與育兒本是女性職責」的社會意識也是理由之一。然而，我卻認為，男性對於妻子的「母親」角色的要求也算得上一個。

比方說，二〇一六年擔任模特兒的中林美和，對於家務與育兒的責任分擔一事與丈夫Zeebra有嫌隙產生，而接連在推特上發文吐露心聲。美和這樣發文。

「丈夫結婚前說喜歡孩子，結果生了孩子卻不把孩子放在心上。一有什麼問題就都丟給我。當媽媽的每天忙得昏頭轉向，想要丈夫幫忙卻開不了口，只好獨自苦撐。」

美和的推特發文收到很多同情票，正當網路發文一面倒時，丈夫的Zeebra也不甘示弱地這樣回應美和。

「麻麻！用推特說話很麻煩！請想點辦法！」

由此不難看出這兩人的關係如何。這樣的回應根本就像是惹媽媽生氣的兒子一般。不單是Zeebra如此，日本很多男性都稱呼妻子為「麻麻」或是「媽媽」。

既不是「丈夫」亦非「父親」而是「最大的長男」

在多數日本女性憧憬的法國，女性以「終生保有女人的角色」為生涯目標，在結婚後，仍舊維持與丈夫的兩人獨處時光。反觀日本，如同資深藝人Tamori所說「不把工作與性愛帶進家庭」般，據某調查結果所顯示，約有五成的夫妻過著無性生活。日本的夫妻關係顯然與法國截然不同。

一部份的日本男性，無論是有意識地或無意識地會要求妻子擔任自己的

「媽媽」的角色。因為是自己的媽媽，所以理當煮飯給我吃；因為是自己的媽媽，所以如果我幫了忙，就應該要讚美我等。那樣的男性，既不是丈夫也不是父親，而是大孩子的身分。他們對於妻子表現出長男的姿態。一旦妻子不做飯，他們就會鬧脾氣「為何不能給我無條件的愛呢？」

試問，至今有多少的母親是這樣養大妳們的兒子的呢？而妻子這邊大多也抱著無可奈何的想法，深信女性的角色就該是這樣，而稱職地照顧了孩子與另一半。

就算早點回家，男性們是否會幫忙育兒？

以男性為主要對象群的媒體上經常可見「男性之所以無法參與育兒，原因就在工作時間太長」。但當我提議說「男性們應該盡可能地調整工作時間，早點回家照顧孩子」時，他們卻又反駁道「即使我們想調整，職場環境不改變，我們也做不到」。我同意藉由工作方式的改革，改善長工時的問題迫在眉睫。但是，這樣的改革能否讓男性們積極地分擔家務與育兒，我可不那麼樂觀看待。

有一部分的男性們即使工作結束，也不會立刻返家，而是繼續留在工作場所，就算是離開了公司，也是消失在夜晚的街頭，盡可能地想方設法延後回家的時間。即使回到了家，也不見得會幫忙照顧孩子。實際上，我常接觸到工時不長、和妻子的收入相當、對工作也沒有懷抱熱情，卻從不出手幫忙處理家務與育兒的男性們的案例。

當那些丈夫們說出「不好意思，我今天得加班，晚點才能回家」時，多數的女性隱約能感受到丈夫話語裡那種「帶孩子、處理家務是母親的職責」的含意。

專欄補充②

為何日本企業的工時這麼長

為什麼日本的爸爸們會這麼難得回家吃晚餐呢？我們常可聽說，在北歐或是法國，爸爸們經常是回家與孩子一起共用晚餐的。

我想，日本的爸爸們之所以難得回家吃晚餐，最大的理由在於，日本公司的工作方式。日本勞動法專家濱口桂一郎將這種工作方式稱為「團體合作（membership）方式」。在組織中，成員會是公司團隊中的一份子，工作內容與人的連結方式是有彈性的。因此，每隔幾年成員就會調動到不同部門，加班與轉換職務也很常發生。也就是說，日本企業的工作方式是人員在公司內部並無限定的職務內容、工作時間與工作地點。如果這種「無限定」的工作方式與長期雇用的方式交換，後者能得到較高的薪酬。而且，這種無限定的工作方式，即使每天加班，員工還是得聽從公司的要求。

反觀歐洲企業的工作方式，屬於工作取向（job）式。這樣的方式是，企業先決定工作內容，再找合適的人來做這份工作。每個人的工作職責區分明確。

並不需要像日本企業，完成了自己份內工作後還要幫忙其他人完成工作。當然也不需要為了整個團隊的工作進度，全體人員一起加班。

歐盟各國加班時間極少，加班上限為每個月三十二小時。爸爸們也可以每天在七點左右回到家，與家人孩子一同用餐。日本雖然老高舉標語說要「改革工作方式」，卻反而立法將旺季的加班時間上限擴大到每個月一百個小時以內。每個月加班一百個小時，等於每天加班五小時，已經達到過勞的程度。

在日本國內，仍舊有「如果規範工作時間，就會影響經濟成長」的聲音。但是，與每單位時間的勞動生產率相比，二〇一五年時，法國是六十六，德國六十六，英國是五十二，而日本僅有四十二。（資料來源：公益財團法人日本生產性本部「勞動生產性的國際比較二〇一六年版」）。現在正是提高單位時間的生產性，縮減勞動時間的時機。我認為，最終應該要把每月加班時數大幅減低至六十小時。如果能將每月加班時數減至四十五小時，那麼父親們平日也能輕易地幫忙照顧孩子，分擔家務了。重要的是，對孩子來說，將能有更多跟父親一同度過的時間。

希望在立法現場的國會議員與官僚們能不以企業與經營者的利益考量為優先，改以讓父親們回歸家庭，享受育兒與家庭時光為主來決定加班時間的上限。

第三章

獨自育兒的孤獨

即使發著高燒也無法休息，「獨自育兒」的殘酷日子

約在二〇一四年時，某家牛肉蓋飯連鎖店讓從業人員不得休息地，必須長時間獨自一人負責清掃、調理食物、清點進貨等而成為社會問題。這種黑心企業的單獨勞動（one operation，日文稱ワンオペ）像極了母親們的育兒狀態，網路上這些單獨育兒處理家務的母親們給自己一個稱號叫做「獨自育兒（ワンオペ育児）」。

據調查，「獨自育兒」這個詞剛開始在推特出現的時間大約是二〇一四年八月左右，出自育兒中的媽媽的貼文，也正好與某家牛肉蓋飯連鎖店的單獨勞動事件爆發時間相重疊。二〇一四年在推特上只出現五個相關訊息。隔年的二〇一五年出現在某個個人部落格，二〇一六年各種網路媒體，以及NPO法人佛羅倫斯代表駒崎弘樹的推特也正式使用「獨自育兒」這個詞彙。

隨後，同年的九月，我在報紙《每日新聞經濟　Premiere》的「育兒生存戰」專欄中以「獨自育兒」為題，解釋該詞彙的意義、獨自育兒的母親們過得有多艱難（標題是「即使發著高燒也無法休息，「獨自育兒」的殘酷日子」二〇一六年九月十六日），結果成為日本雅虎新聞類的第一名熱搜關鍵字，引起極大的迴響，

完全超乎想像。之後，朝日新聞（「『獨自育兒』是在說我，丈夫不是不在家就是不幫忙，夫妻關係破裂在即」二〇一六年十二月三日）與每日新聞（「二〇一七年新語．流行語大賞預測得獎者！『獨自育兒』與『黑心丈夫』二〇一七年二月三日」）兩種報紙都曾經刊載「獨自育兒」相關新聞記事，由於越來越廣為人知，曾經由電視節目做相關報導。

「獨自育兒」不是經由特定的企業或是政府機關而廣為人知。而是由當事人的母親們因社會現象而發想的名詞，進而藉由媒體擴散至大眾。

丈夫單身外派，育兒與家庭由妻子一肩扛

實際上，父親因為加班晚歸的家庭、單親家庭等，不分專業主婦或是職業婦女，單獨育兒的母親正大量增加中。最近，雙薪家庭中，因為丈夫必須單身外派，而必須留在家中獨自育兒的母親們越來越多。

以在東京工作的渡邊麻美（三十多歲的公務員）為例，她兒子出生時，上班族的丈夫直樹在關西工作。丈夫請育嬰假時，回到東京家中同住，但休假結束後，渡邊開始了獨自育兒的日子。娘家婆家都在遠方，因此她無法得到長輩的協助。而且也沒有足夠的時間好好收集育兒支援服務的資訊、與著手去辦理申請手續。

麻美每天早晨五點起床，總是睡眠不足。她要趁一歲的兒子未醒時趕緊梳洗並準備上班事宜。一旦兒子醒來，就要以兒子為優先，做早餐給他吃、換尿布、量體溫與換衣服。

為了注意不讓兒子隨口亂塞東西、不讓他摔倒，她總是小心翼翼地邊看著兒子，邊梳妝打扮。只要兒子醒著，她連上廁所的空檔都沒有。

麻美一邊思考著處理工作的順序，一邊整理資料，同時還要幫兒子換衣服與尿布，再邊把保育園的聯絡簿放進書包裡，終於可以把兒子放上推車，然後推著車出門。萬一需要攜帶出門的物品過多，突然想起漏帶了東西，還得匆忙趕回家拿取，經常差點就要遲到。

好不容易到了保育園，麻美得要快速把兒子的換洗衣物放好、安撫兒子，然後滿身大汗地跑到車站。擠進爆滿的通勤電車往公司前去。終於到了辦公室，同事突然說一句「妳衣服穿反了喔。」

一旦獨自育兒，髮型與服裝也變得亂七八糟了。

高燒四十度也得處理家務、照顧孩子

麻美下午六點下班離開公司，急忙奔向保育園。這時，上班了一天已經累壞，回到家打開電視讓兒子看，趕緊煮晚餐，吃完飯接著幫兒子洗澡、哄他入睡，然後洗衣、準備明天工作的預備事項，終於可以喘口氣休息時已經是深夜時分。

在保育園的集體生活中，兒子經常生病。麻美不幸也感染感冒病毒，但就算是高燒四十度，她也不能倒下。只能意識模糊地餵孩子吃飯、陪他睡覺。孰料，兒子夜半醒來，將晚餐的稀飯整個吐在棉被上。她急忙伸出雙手接住嘔吐物，這時兒子在一旁大哭，面對這樣的情況，手捧嘔吐物的她慌了手腳，只好在滿是嘔吐物的床上跟著兒子哭了起來。沒有人能伸出援手的獨自育兒，只能用孤獨來形容。

公司無法顧及員工「身為職業婦女的妻子」

在工作上，麻美與男性同事們都是負責相同業務範圍。然而，那些男性同事們多數都有位全職主婦的妻子在背後支撐，麻美只有獨自一人。而且因為過度勞累，使得她在工作上頻頻出錯。她曾經忘記自己主導的會議時間，遭到主管的嚴厲指責。同事們也都覺得她沒能力，現在的她不論是精神上或是體力上都已達到臨界點。

丈夫得知麻美的狀況，向主管傳達自己妻子的情況，希望調職到能與妻兒同住的分店或是部門工作。果然下次調職，公司將直樹調到東海地方，雖然離妻兒更近了些，但想要同居共住仍是遙不可及。主管於是這麼告訴直樹。

「在東京首都圈裡，不論是哪個部門，多的是邊照顧孩子邊工作的女性。等著要異動的女性社員也很多。公司無法讓妻子是職業婦女的男性社員優先調職。這是你家的問題，希望你自己設法解決。」

職業婦女的母親肩負「工作＋家事＋育兒」重擔

如麻美的案例一般，身為職業婦女的母親們必須要兼顧工作與家事勞動，根本如同在黑心企業上班受盡壓榨。

雙薪家庭越來越多，根據日本政府的調查指出，全職主婦的家庭與雙薪家庭的數目現正呈現逆轉狀態，與九〇年代不同，二〇一五年的雙薪家庭有一千一百一十四萬戶，全職主婦的家庭則有六百八十七萬戶。然而，雙薪家庭雖有增加的趨勢，卻有七成的丈夫幾乎不幫忙照顧孩子，有八成的丈夫完全不處理家務。

其中即使是雙薪家庭，由於丈夫單身外派不在家，妻子只能每日獨自育兒。我非常希望，最起碼在孩子幼小時，夫妻能選擇不外派也能保有工作的生活方式。但事實是，與丈夫相隔兩地，獨自一人生活與工作的女性在二〇一二年時有十九萬四千四百人。這個數字與二〇〇二年的十一萬八千五百人相比，增加了相當多（日本總務省「就業構造基本調查」）。其中女性的單身外派者也包含其中。

再者，單親家庭的數量也正增加中。二〇一一年母與子的單親家庭約有一百二十四萬戶。與一九八三年相比增加了近兩倍之多。其中，孩子的年齡也有下降的趨勢，成為母與子的單親家庭當時，最小的孩子平均年齡為四點七歲（厚生勞動省「全國母子家庭等調查」）。必須獨自育兒的單親母親的負擔更為加重。

民間業者的家事管理服務尚未普及。從日本經濟產業省的調查得知，因為收費價格過高，造成使用率僅只有心2％。

全職主婦孤獨的「假性單親」

不單只是職業婦女會發出哀鳴，全職主婦多數也認為單獨育兒實在太累了。住在武藏野市的三十多歲的全職主婦瞳是獨自一人全天候帶一歲的兒子。丈夫是三十多歲的上班族，每天下班回家常已經是半夜十二點。不只如此，周末還得出門工作。就算偶爾休假在家，也全然不幫忙照顧孩子與處理家務，光只顧著睡覺。

除此之外，由於瞳與孩子是隨同丈夫的公司外派到此地居住，因此現在居住的地方，不但沒有家人也沒有熟識的朋友。瞳原本就比較內向，要帶孩子到公園去與其他媽媽交際也需要勇氣。於是她想，現在雖然孤獨，反正大約三年後，丈夫就會又要轉派他地，到時候又要搬家，現在那麼努力交朋友，到時候只會難受而已。就這樣，瞳很認份地安安靜靜地過著一整天與孩子一起的生活，內心仍感到孤獨與不安。

另一個案例是，住在東京都心的三十多歲全職主婦裕美，有個未滿一歲的孩子。三十多歲上班族的丈夫是個工作狂，每天晚上不超過十點不會回家。理所當然地，他也不照顧孩子。裕美向丈夫拜託，希望他能早點回家幫忙照顧孩子，沒想到丈夫竟然這樣回答她：「我想要衝事業，照顧家裡跟孩子的事就都交給妳了。我爸爸也是什麼都不管，媽媽一個人照顧我們長大的呀。所以，妳應該可以做到。」

聽到丈夫把自己與婆婆相比較，裕美失落地以為自己是個糟糕的媽媽，於是對著丈夫發怒道「既然這樣，你好歹也幫忙照顧孩子呀！」只是，無論是失落或是發怒，獨自帶孩子與處理家務的艱難感從來不曾減少。然而，這是裕美個人的問題嗎？

今昔何異？育兒會讓人更感孤單與不安嗎？

事實上，有資料顯示，與裕美的婆婆養兒育女的時代相比，現今長時間工作的男性正逐漸增加中。而平日工作時間超過十小時的男性比例，在一九八一年時僅只19．9%，到了二〇一一年時增加到43．7%（黑田 二〇一三）。

另外，家中最小孩子不滿三歲的全職主婦的家庭中，丈夫平日的平均回家時間為晚上八點四十四分，比二〇〇六年的調查還要晚了二十七分鐘。全日本的丈夫有四成每天回家的時間是九點過後（日本總務省「平成二十三年社會生活基本調查」）。

除了丈夫的晚歸外，育兒網絡（即身邊可以協助育兒的人們）的弱化更是加深了全職主婦的精神疲勞與孤立無助感。近年來由於晚婚化，使得女性成為母親的年齡也大幅增加，這些母親們大多三十五歲以上，由於比平均成為母親的年齡還要高，因此難以找到同齡的育兒夥伴（松田 二〇〇八）。再加上，在電車上推嬰兒車被視為「困擾他人」的行為而屢屢遭到責難，日本社會是以極為嚴苛的眼光對待童的存在。

為何對「獨自育兒」這個詞彙有共鳴

然而，每個人有各自的生活方式，為何這些雙薪家庭的父母、全職主婦、單親爸爸/媽媽都對「獨自育兒」這個詞彙有共鳴呢？我認為這與新自由主義的潮流中

「自我責任」的想法太過氾濫脫不了關係。當大家說貧窮是貧窮者的責任、育兒也是母親與家人的責任，每個人都該對自己負責時，任何人只要意圖開口尋求協助，馬上會被冠上「撒嬌」的罪名。多數人都感到孤獨，而正是因為每個人雖然都想開口求助卻被迫只得自己設法度過難關的情況下，這才使得代表「獨自一人卻得不合理地工作」的詞彙在這麼多人的心中引起波瀾。

專欄補充③

全職主婦對育兒懷抱不安的理由

「現今的育兒結構容易引起不安。」

這樣的結論是由社會學家落合惠美子在二十年多前提出。

理由之一在於「缺乏父親的協助」。這是指丈夫結束工作後疲累不堪回家，而將育兒全權交給妻子處理的狀況。另一個理由是「母親自己的社會人際網絡過於狹隘」。與以往相比，不只能幫忙照顧孩子的人們減少了，母親自己與他人的關係也越漸薄弱。

以前的日本女性多是農家或是自營業，並與家人一同工作，自戰後起至一九七〇年代後半為止，全職主婦不斷增加。所謂「女性專責家事與育兒」的規範就是從此時開始普遍化。到了經濟高度成長期，全職主婦更是一般化，進而喪失了家人與親戚所提供的育兒支援網絡，使得女性內在的不安感大增。

落合惠美子這樣指出：

「歷史上從未有過以『家人』這個集團獨立養育孩子的狀況。孩子們總是

在鄰居的婆婆媽媽阿姨們或是親戚的叔叔伯伯們、一同玩樂的同伴們以及學校等各種人際網絡中逐漸成長的。」（落合　一九九四）

如先前的資料顯示，最近的社會狀況變得讓家庭難以得到父親與鄰居的協助。這使得原本在構造上就容易因為孤獨而陷入不安的全職主婦在育兒上，因為這樣的社會變化而陷入更深層的孤獨絕境。

身為非正式員工的單親媽媽

獨自育兒的父母親之中，無論在時間上或是金錢上都相當拮据的父母親代表就是單親媽媽。母與子家庭的80．6％都是就業中的，其中「正式員工．從業人員」占39．4％，而「兼職．打工」、「短期派遣人員」等非正式員工約占52．1％（平成二十三年度全國母子家庭等調查結果）。明明得獨自一人扶養孩子，女性勞動者只能以非正式員工資格獲得雇用的比例，實在非常高。

「帶孩子的女性得應徵一百家公司」

這個條件無關乎學歷高低，高學歷者亦然。三十多歲的伊藤沙織在知名大學畢業後，曾任職於某大企業。二十多歲時結婚，生下女兒，但丈夫完全不幫忙分擔家務與照顧孩子。由於原本大企業的那份工作需要加班，在家庭與工作難以兼顧的考量下，她辭去原本的工作開始找另一份工作。

同一時期，她與丈夫的關係陷入膠著，最終以離婚收場。從今以後，她必須要一個人工作賺錢養育孩子。

然而，當沙織將求職資料登錄於求職網時，求職網的工作人員這麼對她說道：「像妳這樣，既是帶著孩子的女性，又是第一個工作任職未滿三年就換工作的人，實在很難找到工作。請妳要有應徵一百家公司的心理準備。」

結果，沙織成為了某公司行政職的約聘人員。然而，雖然身為約聘人員，公司仍舊要求要每天加班，不但沒有加班費，工作量也很大。

公司突然寄來終止雇用的通知

沙織過著每天上班下班、一個人接送孩子到保育園、育兒與處理家務的生活，總是從早忙到晚，疲累不堪。甚至有許多次瀕臨過勞昏倒的邊緣。由於公司告訴她未來可能有機會轉為正式員工，為了未來，沙織只得繼續做著長時間加班的工作。即使沙織的工作內容與正式員工幾乎相同，但年收入卻不到正式員工的二分之一，年薪連三百萬日圓都沒有（日本30歲左右的平均年薪約為四百五十萬日圓）。

殘酷的是，她竟然在某日接到公司的人事部以電子郵件對包含她在內的數位非正式員工發出停止雇用通知信函。即使她與幾位同事聯合向主管與人事部提出抗議，最後卻只得到對方不回應與漠視的對待。就這樣，沙織的正式員工夢不但破滅，甚至連工作都不保，在巨大的壓力下，她倒下了。

之後，沙織又開始找新工作，她甚至連政府的就業服務處都去過。只不過，這次她找不到能一邊照顧孩子又能一邊工作賺錢的工作。

因此，只好設法加強工作的技能與考取證照資格，把焦點放在需要專業的工作上。她曾考慮要去讀醫療相關的專科學校，但後來因支付不起學費與在學期間的生活費，只得作罷，打算回頭以非正式雇用的資格找份工作，先好好存筆錢。結果，後來因為實在找不到工作，想去學校讀書也沒有錢，就此陷入無法翻身的絕境。

無可奈何的她，只好兼做兩份行政工作，這才解除了燃眉之急。時薪一千兩百日圓，扣除保險與各項費用，月薪只有十幾萬日圓（日本社會新鮮人的平均月薪約為24萬日圓）。這些錢光是用來生活已經非常窘迫，她語帶哽咽地說道。

「我想要讓女兒受最完整的教育，因此得存夠讓她讀完大學的教育費才行。我只能努力學會工作技能、考到相關證照，再更努力工作賺錢。」

單親家庭的經濟狀況非常拮据，占全體貧困者比率的50．8％，在經濟合作暨發展組織OECD各國之中也是最高的。單親家庭的母親平均的年收入為兩百二十三萬日圓。

對於需要一邊養育照護孩子的她們來說，要想一邊做著需要加班的正式員工工作，實在難如登天。再者，就算是不需加班、稍微輕鬆的正式員工工作，如果不是社會新鮮人，也難以獲得雇用機會。因為這些因素，使得她們只能從事非正式員工的工作，也容易使生活陷入貧困。

離婚的女性負責養育孩子

即使有上述的現實問題，為何大多數的女性在倍感窘迫的情況下，仍舊不願意從養育孩子的勞動中退讓呢？一般女性雖然了解，離婚時決定自己負責照顧孩子容易使生活陷入困境，卻有多數人仍舊選擇繼續照顧孩子。另外，雙薪家庭中，明明夫妻兩人都有工作，往往花大量時間照顧孩子的卻又是母親。

至於為何女性們會如此選擇的原因，有個說法是，這一切源自於女性自己被母性的神話所束縛。對於這個說法，社會學者江原由美子這樣批判道。

女性確實較男性具有願意更積極地照顧孩子的傾向。但是，對於這樣的傾向懷抱著「女性本性就熱愛育兒與處理家務」、「這是女性的自我實現」等想法，即使在某些部分符合實際，卻仍令人感到對女性的侮辱。女性們確實對於養育孩子擁有相對更多的知識與責任感。正是因為如此，萬一有一天再也無法親力親為地照顧孩子時，只要無法確保孩子能得到妥善照顧，就容易因為放心不下，不得已只好繼續扛起責任。

扛起育兒責任的女性們，透過照顧孩子，學習分辨出有益與無益孩子的事。而且，與男性相比，女性們一向比較堅持要為孩子分辨好壞。因此，她們才做不到說不照顧孩子就能放下一切的舉動。只要無法將孩子安心託付出去，母親們就會以「捨我其誰」的姿態應對。

然而，這樣的應對姿態絕對不等同於「女性所願」。正常來說，女性也有她們想要完成的願望。只是現下「育兒」這個項目有其絕對必要性，因而內心才會有「迫不得已只好先把個人想望放一旁」的想法（江原　一九九一）。

實際上，多數的女性常是在壓抑著內在各種想法，如「想在職場上累積經驗」、「想要跟朋友聚會」、「想去暢飲一杯」，偶爾「想要逃走」等狀況下，選擇繼續照顧孩子的。如果說照顧孩子是出於喜愛，這絕對是個沉重的負擔。社會學家江原由美子的這番說法，完整地說出了女性們所處的狀況。

「不想回婆家」妻子的憂鬱與心聲

中元節或是過年時，許多女性都默默地在嘆息。日本觀光廳所實施的「尖峰時期觀光客動向調查」（二〇一〇）顯示，回答者中約有四成回答「如果可以，不想回家」。原本不想回家最多的理由是「塞車」，但是接下來的兩種理由分別是：

▽不想見自己的爸媽與親戚29％

▽不想見配偶的雙親與親戚25．9％

如果是三十多歲的單身女性，在節慶回家時，爸媽總是會嘮叨說「還不結婚嗎」、「我想抱孫子」。於是漸漸地就會越來越不想回家。

通常結婚後，還有婆家要回去。雖然有些人是盼望著回婆家，但不可否認地，確實是有些人一想到中元節或是過年要回去就會陷入憂鬱。

一想到爆滿的回鄉班車就累了

住在東京的三十多歲上班族陽子，夫妻兩人的老家都在關西地方，每到中元節或過年，就會輪流回各自的老家團聚。今年的中元節輪到要回婆家，每次只要想到要回婆家，陽子內心不免感到沉重。

首先想到的是，回家總是要帶著四歲與未滿一歲的兩個孩子一起，擠上新幹線，搭三個多小時的車。最近，「嬰兒車論爭」引起熱烈討論，讓得推著嬰兒車出門搭車的她不免感到壓力。客滿的東海道新幹線車內，能放置摺疊嬰兒車的空間非常少，而四歲的女兒習慣喋喋不休地說話，也讓陽子感到煩躁，但她也只能不斷地說「小聲一點」、「噓」提醒女兒。

為了在嬰兒哭泣時馬上安撫，只好背著裝有尿布與奶瓶的背包，如此才能快速因應。然而，就算做好應對策略，車上也沒有足夠的空間能夠處理。

正當陽子不知所措時，卻發現丈夫只自顧自地看著雜誌、滑著手機，一點也沒有要積極幫忙的態度。明明丈夫總是自傲於在公司自己是個能洞悉人心，懂得臨機應變的優秀員工，在這時卻紋風不動。忍無可忍的陽子終於開口對丈夫說「好歹你也幫幫忙吧」，沒想到他卻回應「昨天太晚回家，今天好累。」

聽到丈夫這麼說，陽子只能在心裡反駁「有沒有搞錯呀！我才每天都為了工作跟帶小孩累得半死吧！」結果還沒到婆家，陽子已經疲累不堪。

不滿媳婦上班的婆婆

家在橫濱市的四十多歲教師惠美，以往每年都會帶著兩個孩子回婆家，但某年開始她向丈夫斷然拒絕回婆家的慣例。

婆家位於四面環山，滿是田野的九州北部鄉下，是個還留有舊習的區域，每回惠美回婆家都被當作「長男的媳婦」對待。同時，大姑與大姑全家也會回來團聚。婆婆與大姑關係很好，每天兩人都會一起煮晚餐，惠美雖然也會在旁幫忙，但由於婆婆與大姑不認同她做菜的方式與調味，因此一直遭受百般挑剔。對此，惠美只好極盡討好地不斷說著「對不起」、「謝謝」，反觀丈夫卻只在一旁悠哉遊哉地做著自己的事。每次，惠美都好希望時間能過得快一點，但也只能不斷地偷看時鐘。

婆婆雖然曾經也是位上班族，但婚後就辭職在家相夫教子。對於惠美婚後仍舊繼續工作，她似乎頗有不滿。三番兩次拿惠美帶小孩的方式及處理家務的方式與自己的女兒做比較，大姑是位全職主婦，因此婆婆總是酸言酸語地說「沒辦法，誰叫惠美上班很忙呢！」

對於婆婆的態度，惠美屢次跟丈夫反映，丈夫聽完總回應「喔」，試圖敷衍了事。惠美終於在忍耐到達界線時，嚴正表示自己再也不願意回到婆家。從那之後，就改由丈夫帶著兩個孩子回婆家，而且在他們夫妻之間，回婆家成了禁忌話題。

中元節休假比上班還要累

職業婦女們，鎮日被工作、育兒與家務追趕不休，總感疲累困頓。她們其實是希望起碼在放假時，能多少讓身心休息一下。

如果是能得到丈夫的協助、與婆家關係不錯的妻子們，就算是回婆家也能輕鬆自在。然而，如果壓力來源是家人，休假回婆家或是娘家，都只是讓人更感疲累而已。

如果要帶著家人回自己家，奉勸各位丈夫千萬不要認為是回家休假的機會。請務必要以在職場上與人相處的心情，擔任妻子與家人溝通的橋梁，並幫忙帶孩子才是上策。

「妻子的獻身」應該列為諾貝爾獎項

把工作擺在第一位的丈夫，通常他的妻子很容易陷入獨自育兒的「假性單親」狀態。那些在激烈競爭中脫穎而出的諾貝爾獎候選人名單中的科學家們的妻子們，應屬最佳例證。

二〇一六年，諾貝爾生理學．醫學獎得主由東京工業大學榮譽教授大隅良典獲得。他的妻子萬里子女士也是在日本帝京科學大學擔任教授的研究者。他們兩人在東京大學大學院相識、學生時代結婚，並育有兩個兒子，據說，萬里子女士除了自己的教職外，也對丈夫的研究工作予以協助，於公於私都是合作的夥伴。

大隅先生在諾貝爾獎的得獎記者會上，回顧自己的研究生涯時，語重心長地說出「我恐怕不是個好家人」。他不分晝夜埋首研究，回家時經常已是深夜，長期這樣的生活讓他從未在孩子小時候陪孩子遊戲過。

在二〇一五年得到諾貝爾生理學．醫學獎的大村智博士不約而同地也坦白道：「我從來沒有關照過家裡，只一味地埋頭做研究。妻子了解我，因此盡全力支持我。」並對妻子的奉獻表達感謝之意。

每年，總是會聽到關於這些支持著諾貝爾得獎者的妻子們的逸事。諸如：二〇一五年獲得諾貝爾物理學獎的梶田隆章博士說：「我只關注於研究，妻子忍耐著也原諒這樣的我。」二〇一四年諾貝爾物理學獎得主天野浩博士說：「感謝妻子由衷支持著我這個不及格的父親。」我們都知道，要能提出足以獲得諾貝爾獎的研究成果是多麼不容易的事，我們必須要對於這個由兩個人齊心協力做到的事懷抱敬意。

獲得諾貝爾獎，妻子的支持是必須條件嗎？

話雖如此，有點耐人尋味的是，為何獲得諾貝爾獎項的日本人清一色都是男性呢？

最主要的理由是，理工科系學生之中，女性的比例偏低（理科的研究所約是22．2%，工科的研究所約是12．3%）。（文部科學省「平成二十八年度學校基本調查」）。

另外，各國的研究者之中，女性的比例為美國34．3%、英國38．1%，相對於此，日本僅止於14．7%。

再者，在強烈認為「女性應該要處理家務、照顧孩子」的社會中，妻子應該要義無反顧地全面支持丈夫的潛規則，或許也是造成研究者多為男性的原因。在整個社會都處於這種價值觀之中時，女性研究者要想要達到與男性研究者相同的研究成果，相對來說是困難的。她們只能選擇不生養孩子，或是找個願意在家育兒與處理家務的伴侶。然而，實際上，這個目標相當困難。

我悲觀地想，即使女性研究者能夠順利地在支持她的環境專心研究，到頭來在競爭中脫穎而出的、獲得榮耀的終究還是男性，女性研究者得到諾貝爾獎的可能性還是偏低的。

男性社會的媒體刻意營造「妻子在背後支持」的氛圍

說到底，所謂的諾貝爾得獎者背後有妻子支持的美談，是媒體從訪問得獎者與妻子時得到資訊後再美化加工，最後再刻意散布的結果。

雖說女性記者與女性編輯人員逐漸增加，但現今雜誌報紙等的媒體業仍舊是吹捧那些不回家、長時間專注工作的男性才是優秀菁英的男性社會。我想，原因可能在於媒體工作者多數也是必須長時間工作，而仰賴家人在背後支持著的（林・谷岡二〇一三），或許因為背景相似，也才因此對於諾貝爾得獎者妻子們的勞動與支持被美化成佳談頗能接受。

當類似被美化為「妻子的支持」新聞經常曝光，人們越能將這種做法視為理所當然。在性別角色分擔的刻板化進展上，媒體終究用力推了一把。

支持丈夫的妻子們其實內心糾結

雖然有些人以為這些妻子們是自願為優秀的丈夫奉獻犧牲，我卻認為這些妻子們的內心也相當糾結。

美國的社會學家霍奇斯柴德教授明白說出，多數妻子在分擔家務與育兒當中，確實有許多困難。丈夫們試圖將不願意分擔家務與育兒的核心真相模糊化，妻子們清楚這一現實卻也試圖迴避，以免離婚。這樣的認清就如同我前面在「家人神話」一節所說的，事實上，日本也相去不遠。

每年，當諾貝爾獎發布時期，當丈夫獲獎，作為得獎者的妻子確實也帶來榮耀。站在記者發表會這個閃耀舞台上，彼此分享喜悅的夫婦是多麼地令人感動。但是，背後難道不是妻子長年的內心糾結、對自己職涯的不甘願與「家人神話」所建構的嗎？

改變研究者的工作方式

上個世代的男性研究者，應該有不少人多虧了妻子全力育兒與照顧家庭，才能埋首研究，而在嚴苛的競爭中脫穎而出。但我希望至少從現在起，獲得成功的人們能展現出，他們的成功不再是由家人全面支持，長時間加班埋首研究而來的模範樣板，而是另一種全新的工作型態達成的。

如果國家或是大學能夠在協助研究方面增加人力，每一位研究者將能減少一些勞動時間。另外，若能提供家事與托育的協助服務，想必就能減輕家庭負擔。我認為，有必要針對男性研究者與其配偶的意識加以改革。

與大隅先生一同出席頒獎典禮的萬里子女士，面對以成為研究者為夢想的女性們，說了底下一番話，令人印象深刻。

「我在很年輕時就早早結婚了，那個年紀正是能好好讀書的時期。如果那時的我認真讀書，現在的人生肯定不同。我放棄了再進修的機會，但是希望年輕女性如果有機會，一定要好好工作，盡力多爭取屬於自己的幸福。我期待，未來能見到越來越多這樣的女性。」

專欄補充④

為何非正式員工的薪資這麼低

究竟為何非正式員工的薪資這麼低呢？在歐洲，非正式員工的薪資約是正式員工的八成，日本則是六成左右。

日本社會中，「日式雇用慣例（終身雇用制、年功序列制）」與「男性主外負責賺錢的家庭」等是相互搭配的。而正式員工的薪資高、非正式社工則領較低薪資，似乎非常合理。而這個正式員工之所以存在，是因為有那些當經濟不景氣時，企業能以不續約的方式解聘的非正式員工在背後支撐著。而由正式員工與非正式員工所組成的雇用結構是與「男主外，女主內」的性別角色區分意識有相當密切的關係。賺錢養家的是身為正式員工的丈夫，因此薪資必須要夠高。其他面向的，如全職主婦兼職賺外快，用以貼補家用的收入來源則低一點也無所謂，這是被認可的（遠藤二〇一〇）。

但是，現在這樣的關係已經不再成立。原因在於，必須負責養家活口的非正式員工人數越來越多。其中尤以單親媽媽為代表，上班工作的女性之中，每十人就有六人做的是兼職、契約社員與短期派遣社員等的非正式員工。

為了消除男女間的薪資差距，有議員提議要立法導入「同工同酬」原則。所謂的同工同酬是指，即使在職務與職種、雇用型態上有差異，如果被評定為具有相同價值的勞動時，資方應該支付相同金額的薪資。而評定職務價值時是分別針對職務分析與職務評價兩個項目進行評定。評定職務假職是個將職務以「知識．技能」、「責任」、「負荷」、「勞動環境」四個項目加以評價與點數化，以衡量工作價值的方法。有時，即使知識與技能不高，只要負擔大，勞動環境嚴苛就能獲得點數。由於男性與女性常在不同職場工作，諸如照護人員等也多為女性，且薪資條件低落，此時「同工同酬」原則就非常重要。因為實際上，光只是想針對相同職務支付相同薪資時，就會發現男女間的薪資差距根本難以彌平。這一點實際從評定照護人員與護理師的職務時，就能明顯看出，即使兩者的職務內容相同，薪資也是頗有差距的（森．淺倉 二〇一〇）。

關於同工同酬的導入，昭和女子大學森增美特任教授認為，還必須要有充足的社會保障搭配。她這麼指出：「正式員工的年節獎金與紅利是配合了員工的房貸、子女教育費與老後生活變化而規劃的。我們可以說，這是由於日本的社會保障制度並不完善，使得原本應該由國家提供的社會福利，部分必須由企業承擔所造成的結果。假如勞工制度要引進同工同酬的制度，就得考量社會保障是否足夠充足。」

第四章 保育園抽籤落選

一旦抽不到籤，就不能工作

在日本，當秋意漸濃，就是「積極尋找保育園」的季節。對於在城市工作的母親來說，將孩子送進保育園的活動（簡稱「保活」）是一場只能贏不能輸的活動，一旦失敗，將可能無法繼續工作，所以非常重要。接下來就來看看待機兒童居高不下的東京都的保育服務。

保育服務依保育園設施與園所的大小、保育士（有證照的專業保育人員）的人數與保育內容分類。在東京都可分為認可保育園、認證保育園與認定幼兒園*等三種。

其中，由區・市所認可的保育園是最受肯定的最高等級。由於室內空間與庭園寬廣、保育品質良好、而且是以所得高底來決定費用，即使家庭收入不高，也能以便宜的保育費入園。但是可想而知，入園的競爭也相當激烈。

「受精卵一著床，即著手尋找保育園」

在待機兒童人數眾多的地區的認可保育園，每到四月入園申請時間一到，報名人數立刻爆滿，接下來會約有一年沒有名額釋出。所以四月入園申請時間就是決勝負的時機。如果孩子四月要入園，前一年的十一、十二月時，有一次申請與截止的時間。在新年一過，一、二月時就會得知結果，四月一到就要入學。雖說有第二次申請的機會是未滿一歲班，一到三月出生的孩子幾乎不能申請。所以，有人挖苦說「想要進入保育園，懷孕就要有計畫」。最近，甚至有更尖銳的建議是出現「『一得知懷孕就申請保育園』根本來不及，必須要提前到『受精卵一著床就立刻著手找保育園』才行」。

由於競爭率極高，為了防止落選，還得要先申請認證．認可外的保育園。就算抱著嬰兒跑十個地方也不稀奇。這些保育園多以報名先後決定入園資格，所以如果某個保育園說「現在有一百個人正在候補」，通常會令人不抱希望。

每個行政區域有自己的待機兒童計算方式

據說，日本全國最多待機兒童的區域要屬東京都世田谷區。但是，這樣的結果

*譯註：認可保育園分為公營或是私營，公營認可保育園是由政府直接辦理；私營保育園則是取得政府補助辦理。認可外保育園是須要通過政府的檢查核可方可立案，但標準較認可保育園為低。認證保育園是依照地方政府標準成立。認定幼兒園則擁有認可保育園與幼稚園兩種規格。

是因為世田谷區誠實地面對自己區域的待機兒童問題，因而公布最接近實際狀況的數值。

這究竟是怎麼一回事呢？世田谷區對於待機兒童的定義包含了「孩子未進入保育園，不得已只好延長育嬰假」、「在家暫時沒有工作」的父母。但是，其他行政區域則採取不同定義。以在二〇一三年達成零待機兒童的橫濱市為例，該市將「延長育嬰假」、「在家待業」都併入「保留兒童*」的分類中，並未計入待機兒童人數之中。

得知這項事實的父母認為，橫濱市的作為根本是詐欺行為，憤而到推特發文。

「無論是保留兒童或是待機兒童，都是換湯不換藥的說法，根本與待機兒童無異。根本想隱瞞待機兒童的人數，或是超收人數。開什麼玩笑了！」

「當女兒的保育園抽籤落選時，居然有一封寫著『很抱歉！貴戶不具待機兒童資格，只能算是保留兒童資格』的信連同通知單一起寄來。既然如此，當市府宣稱零待機兒童時，也一併宣布零保留兒童吧！」

事實上，橫濱市在宣布達成零待機兒童時，保留兒童有一千七百四十六位。這一切根本只在於對於待機兒童的定義不同罷了。

即使夫妻同為全職上班族，孩子也進不了保育園

能否進入認可的保育園，取決於各家庭互相競爭是否「缺乏保育」要素的點數制。如何判定「缺乏保育」，其標準則由各行政單位自己決定。以世田谷區二〇一七年四月入園為例。首先，「保護者的狀況」就設立了基準點。如果雙親中有一人是「每週工作超過五日，或每週工時超過四十小時屬於常態」則得五十點。萬一每週工時三十七小時，則得四十五點，勞動時間減少則點數也會減少。這個部分如果扣除點數，影響極為重大。如此一來，如果是父母是以兼職方式工作，那麼不但工資低落，連想要讓孩子進入保育園，也困難重重。

再者，其中有二十八個項目，會基於某個調整基準給予點數。比方，雙親中只要有一人「工作超過一年」就加兩點；「預計要結束產假或育嬰假」就加五點。雙薪家庭，且休完育嬰假的這種常見的狀態則總計能拿到一百零九點。

---

*譯註：保留兒童：定義不清。主要還是指未能進入保育園的孩子。由於定義與待機兒童相類似，因為被指為是行政單位為了在表面上減少待機兒童人數而創出來的模糊不清的名詞。

然而，看看前年得到入園許可者的點數可知，未滿一歲孩子的家庭中，約有六成，一歲孩子的家庭約有八成超過一百一十點。如果不再設法獲得點數，雙薪家庭的一百零九點仍極有可能無法入園。此時，母親們只得想方設法，宛如面對考試。

單親家庭的「加二十點」是一場嚴苛的戰鬥

首先，家裡的第一個孩子拿不到「有兄弟姊妹在保育園」的五點加分。但是可以用「自費將孩子暫托於認可外保育設施」加六點（一歲以上）以及「單親家庭」加二十點。但必須提早結束育嬰假，將孩子暫托認可外保育設施，或是暫時「為了將孩子送進保育園而離婚」。更甚者，則是搬家到待機兒童少的區域。

網路上與街頭巷尾謠言四起，如「在申請書中夾上請託信件，或跟保育園的職員交情好，就有利於選上保育園」。

在這麼競爭激烈的狀況下，只要達不到合格點數肯定落選。我們必須面對一個重大問題。法律所保障的最長育嬰假是一年半。而孩子若是沒能進入堪稱競爭最激烈的一歲班，最少再等一年，得等到隔年的四月，機會非常少。這種情況下，只要公司的育嬰假無法給足一年半，很有可能就再也無法回公司上班。

原本想育嬰假結束就回去上班，沒想到期望中的孩子出生後，卻可能不幸地丟掉原本的工作，這是何等諷刺！而這就是政府推廣女性活躍於社會，背後所潛藏的待機兒童問題。

找不到保育園，辭職的一定是女性

初春時期，正是各地方政府寄發認可保育園入學結果的時間。緊跟著其後的是未獲錄取的父母們的憤怒之聲。其中大多數是母親的怒吼。即使是雙薪家庭，不知為何，總是只有母親忙碌著保育園等諸多事情。

在全日本待機兒童最多的東京都世田谷區，二〇一七年四月申請進入認可保育園的人數已達六千六百八十人（較前年增加兩百四十一人），並寫下最高紀錄。雖然區公所已經極盡努力將可能收容的孩童人數較前年大幅增加為四千三百一十四人，卻還是有八百名待機兒童產生。

落選的雙親們懷抱著不安，紛紛前往認可外保育園報到。今年究竟會有多少母親會傷心地辭去工作呢？這樣的狀況根本離政府的「一億總活躍社會*」計畫還很遠。

名為「母親」的總管職務

尋找保育園並試圖將孩子送進保育園的舉動，在日本稱為「保活」。保活原本不屬於照顧孩子的項目，是媽媽們為了找到人手幫忙育兒，因而衍生的一種家務勞動。意思是，雖然會減輕育兒負擔，卻增加了總管的職責。除了事前的找保育園事務外，一旦孩子進入保育園，日常的上課準備、接送、生病時的安排與照料、與幫忙照顧孩子的祖父母／外祖父母的互動，這些就是新增的事務。

一般容易將這些新增的事務，視為母親的職責。居住在東京都內的三十多歲上班族高橋裕子與丈夫和也一起去參觀評價良好的認證保育園。由於該所保育園離家最近，因此是他們的第一選擇。當參觀活動開始，莫名地出現一位緊張兮兮自稱是副園長的人，在入園說明時這樣說道。

「上學的提袋請由媽媽親手製作！」

等副園長說明完畢，就是自由提問時間。此時裕子提出詢問「請問有沒有可能延長托育的時間呢？」孰料，副園長當著所有參加的家長面開始這樣對她說教：「請這位媽媽別多想，早點來接孩子就是了！」

---

*譯註：由日本首相安倍晉三所提出的計畫。目標五十年後，日本人口能維持在一億，並且人人都能發揮所長，活躍於社會上。萬一孩子無法進入保育園，那麼被迫要離職的通常不是父親，大多是母親。由某項調查結果得知，實際上「收集保育園資料」、「參觀保育園」、「申請書的申請與填寫、寄出」、「準備相關資料」、「帶孩子健康檢查」等處理一連串作業的大抵是母親。

會後，裕子說「有這麼可怕的副園長，我不想讓孩子去那個保育園」。

雖然有人認為，女性比較擅長處理家務，所以應該由母親準備保育園所需的一切，但我不這麼認為。因為，不擅長縫紉的母親並不在少數，也因此，網路上與街上的手藝行才會打著「當忙碌媽媽的後盾」、「店內手作風的入園用品一應俱全」標語販賣各式手作的包包、提袋、餐巾、雜物包等物品。

如此，由於家務與育兒外部化，為母親們帶來新領域的家事，無怪乎「母親管理職化」一詞會產生。

職場與保育園之間疲於奔命

剛剛例子裡的高橋夫妻，之後順利地將女兒送進區立的保育園。

裕子每天的例行公事如下：回覆聯絡簿、換穿衣服的準備與洗滌、在分別裝有尿布與換洗衣物的塑膠袋上寫名字、聯絡保育園要晚點接孩子等。夏天時，除了上述的每日例行公事外，再加上每天的泳衣洗滌與準備、按時量體溫等。丈夫和也雖會幫忙，但最終多數的事情還是落到裕子頭上。

即使是保育園，也有諸多需要家長參與的活動：家長日、個別談話、到園服務、運動會、發表會等。當保育園有活動時，裕子會提前調整公司的工作以便當日請假半天參與活動。大多的參加者是母親。若是某個家庭是由父親代表出席活動，則大抵是由於母親即將臨盆或是另有要事。和也跟其他的父親們一樣，幾乎不參加保育園活動。

裕子每天在烹煮食物與整理廚房、照顧孩子、處理公司未完成工作的空檔，趁機查看手帳，新增並確認公司與保育園兩邊的行事曆。有時會因為累得昏頭轉向，而遺漏細節，結果就是當天得突然向公司請假，或被保育園老師嚴厲提醒。若是忘了幫女兒帶泳衣或便當，裕子就會責怪自己沒好好照顧女兒。

有一次，因為工作忙得焦頭爛額，她居然真的忘了幫女兒準備校外教學的便當，只好匆忙趕回家，把冰箱有的食材料理好裝入便當盒中，再急忙送到保育園，為此弄得滿頭大汗。

母親們既沒有獎金可領，也沒有升遷機會，日日擔任忙碌不堪的總管職務。

父親們不請育嬰假、不管保育園事務的理由

「我去接送小孩？這是什麼時候決定的？」

這句廣告名言從開播起就引起熱烈討論。即使希望丈夫也分擔家務與育兒，但就是有不少妻子會覺得「就算拜託，他也不會記得」、「總是要千叮嚀萬囑咐，還

不如我自己來。」至於父親們為何會傾向由妻子處理保育園一切事宜的主要理由，可列舉如下：

1.父親的工作時間長

2.多數情況下，父親的收入較高，使得母親的家務與育兒的負擔資加

3.不單只是男性，女性也將「男主外（賺錢），女主內（家事育兒）」的角色意識內化了

由育嬰假休假中的母親負責處理保育園事宜顯得理所當然，也是理由之一。目前由男性請育嬰假的比例僅只有2～3％。從一開始，就由母親全權負責，也因此父親們難以接受「自己必須參與保育園大小事宜」的想法，這屬於結構性問題。

如果未來有更多男性願意請育嬰假，尋找保育園也將成為他們主動願意做的事，父母與保育園的互動模式也將會改變。

接孩子下課的父親，真的無法在職場上出人頭地嗎？

這是距離東京都心搭電車約二十分鐘車程的公立認可保育園。下午五點半左右，下班到此接孩子的雙親們不斷出現。原本在遊戲場遊玩的孩子們，眼光不時飄向保育園門口。穿著藍色T恤的男孩，一發現母親的身影出現，立刻展開笑顏喊著「媽媽」，跑向母親。雖然來接孩子的人之中也有祖父母，但多數是母親，父親算是少數。

少數之中的一位父親山本健太每週有一兩次會到保育園接四歲的兒子優太回家。某日，優太的同班同學陽翔問他：「優太的爸爸不用上班嗎？」

優太：「有喔！我爸爸有上班喔！」

陽翔：「那他為什麼來接你？為什麼不是媽媽來接你呢？優太的爸爸是在哪裡上班呢？」

面對陽翔咄咄逼問，優太只能支吾地回答：「東……東京……」

由於陽翔總是由母親負責接送，因而認為來接優太的爸爸肯定是不上班的。

七成孩子由母親接送

實際上，根據某項調查指出，接送孩子到保育園的家庭約有一百七十一萬戶，其中由母親接送孩子的家庭約有一百一十五萬戶。也就是說，約有七成的家庭是由母親負責接送。另外，由父親送、母親接的家庭約有十六萬戶，母親負責接或送的約有十三萬戶。即使是雙薪家庭，接送孩子多由母親負責，由父親接孩子回家的家庭不到一成（日本厚生勞動省「平成二十四年度地域兒童福祉事業等調查」）。

對於母親來說，到保育園接孩子，其實也是項大工程。因為保育園關門時間約是傍晚的六、七點左右，這個時間與日本企業要求員工的下班時間難以接軌。雖然每家公司不同，一般來說，如果要在六七點前趕到保育園，那麼最遲得要在五點半左右完成工作離開公司，這非得要早退，否則不可能做到。多數的母親，為了要接孩子回家，只好改換成工作時間短或是責任較輕、或是兼職的工作。

「女性在職場活躍」代表母親接小孩的時間會更晚？

接送孩子，其實是一件相當複雜的多重任務。下班後，拖著疲憊的身體搭車，腦子想著晚餐的菜單與需要採購的食材，好不容易抵達車站，得踩著高跟鞋小跑步跑向腳踏車停車場。騎上車後，得拼命加速，終於趕在保育園關門前接到孩子。然後一刻也不停地採買與烹飪，然而，即使效率極高地完成了上述事項，也得不到任何稱讚。

不可忽視的是，這些年有一個極大的變化。在保育園任職超過二十年的資深老師這麼說：「與二十年前相比，現在有些母親們的工作方式，已經與男性相去不遠。」

「現在，從早上九點工作到晚上十點的女性增加。有些孩子即使已經比其他孩子晚回家，來接孩子的還是保姆，他們得跟保姆在家等到父母回家。」

以三歲班的某個男孩為例，他在原本的保育園待到下課，然後換到另一家營業到十點的保育園，並在那裡吃晚餐，直到八點多媽媽來接他回家。

某些專門服務單親家庭與夜間工作家庭的保育園越來越多，營業時間延長至晚上十點、十二點、一點甚至到隔天的二十四小時的保育園都有。這些都顯示有越來越多女性的工作模式與男性不相上下，保育需求也因此必須多樣化。

為了減輕職業婦女的育兒負擔，延長托育時間與生病孩子照顧的育兒服務必須要更趨完善。但是，如果不圖改善長工時的問題，只在表面尋求育兒方式的改進，恐怕母親們只能越來越晚回到家。

訕笑男性接孩子的職場文化式微

為了減輕母親們的負擔，在加強育兒服務的同時，也需要一併解決以男性為主的長工時問題。

日本企業正式員工的工作模式，除了加班正常化外，還有一個特徵，就是公司會要求員工無限制地服從要求。有了孩子之後，多數男性會成為企業的中堅人員而長時間工作。另一方面，就算女性在工作上表現優異，會因為育兒的制約，容易成為媽媽路線或是辭職另外尋找其他兼職工作。

「由女性負責育兒」的性別角色意識、將不加班準時回家視為「不努力」、「沒有企圖心」的職場文化，恐怕才是讓父親們在面對接孩子回家時卻步的主要原因。在這樣的文化中，多數男性內在有「被公司排除在核心之外」的擔心，因而無法提早回家。

如若不改變工作至上的主管想法、社會與企業制度，那麼女性們的負擔將不會減輕。有意願加入育兒行列的年輕男性，將感受不到職場的魅力。

主管與政治家無法理解「上不了保育園」的絕望

二〇一六年初春，政治家對於匿名部落格「保育園落選，日本去死」的批判引發後續效應。二月底，在眾議院預算委員會中，民主黨的山尾志櫻里議員讀完該部落格的內容後，直接在議員席怒吼「這是誰寫的？」但如果他曾經試圖理解苦惱於尋找保育園的父母們，這句話絕對不會脫口而出。

不只日本安倍晉三首相曾在參議院本會議中，誤將保育園說成保健所，連自民黨的藤井基之議員也曾在參議院預算委員會中發生同樣的口誤。政治家們口中不斷口誤的「保健所」完全透露出男性政治家們對於日本的待機兒童問題的毫不關心與不了解。

我想，多數的父母在日日忙碌於工作與家庭時，隱約都能感受到這些政治家們對於嚴苛狀況的不求甚解。不只是國會如此，企業方面也常見類似的例子。

男性同事察覺不到的「沒有保育園就無法工作」

居住於東京都的三十多歲上班族美穗將兩歲的孩子送到保育園，然後去上班。

美穗的五十多歲男性主管負責決定下屬的工作內容。面談時，美穗表示自己必須接送孩子上學並照顧孩子，因此希望盡量不要提早上班與加班。沒想到主管竟笑著這樣回答。

「別擔心，我也有兩個孩子，只要有意願，什麼困難都能克服的。」

由於這位主管的妻子是全職主婦，家務與育兒皆由妻子處理，我們可以說，雙薪家庭的美穗在處理家物與育兒的負擔，絕對遠遠超過主管。然而，主管卻自傲地以「我也有兩個小孩，我很了解狀況」的態度與她對話，一點也不想聽美穗的想法。

不只主管如此，男同事們的妻子多數是全職主婦。曾有位四十出頭的男同事語帶輕鬆地問美穗：「孩子快要上幼稚園了吧？」人很親切，她也很高興有人關心。但卻沒有人了解，美穗究竟是花了多大苦工才把孩子送進保育園，而得以繼續工作的。說到這裡，美穗嘆了口氣說：「都沒有人想到，當我在這裡上班時，是誰在照顧孩子。」

年輕家庭必須夫妻都上班才活得下去

住在千葉市的三十多歲上班族大輔有兩個孩子。大輔的妻子也是全職的上班族，照顧孩子的事多由她負責。但是，當妻子工作忙碌時，大輔每週有好幾天得在六點就下班，趕去保育園接孩子回家。

大輔的主管是五十多歲的男性，自詡為自由主義者，相當贊成女性在職場上盡量發揮。然而，他卻不允許大輔準時下班。

「現在正是妻子工作最忙碌的時期，我想提早下班去接小孩回家。」面對主管，大輔不斷地向他表達需求。

「你必須要認真工作。」

「這是你們夫妻倆的事，商量一下就可以解決了。」

主管是那個世代常見的認為工作至上的男性。

即使主管贊成女性在職場上盡情發揮，但如果身為丈夫的大輔不幫忙分擔，那麼身為夥伴的妻子則無法活躍於職場上。當大輔這麼跟主管說明，主管馬上反駁他說：「夫妻兩人都要在職場上有一席之地，還要兼顧家庭實在太難。我想你應該知道該要捨棄什麼。」

但是，如同日本多數企業般，大輔的公司做了減少加薪等工資制度的改變。因此，大輔現在所領到的薪資與主管相比，大幅減少了許多。

主管容易站在自己的立場看事情，他在經濟上很輕易地就能負擔全職主婦的妻子與孩子們的一切費用，卻難以理解大輔這種必須要夫妻都賺錢的才能維持開銷的雙薪家庭的難處。

政府應具備多樣性

一九九〇年代起，少子化與待機兒童陸續成為社會問題，二〇〇八年金融海嘯、雷曼兄弟公司破產以來，首都圈的待機兒童急遽增加。即使二〇一三年東京都杉並區的保活遊行被大肆報導，卻仍未見政府在解決待機兒童問題上有大進展。

除了有財源與保育士待遇的問題外，國會議員與企業管理階層等，決定組織構造者的觀點也必須正視。前面所提的公司的例子中，擔任管理職的人實際上在家負擔家務與育兒的人不多，再加上如果家裡的經濟支柱是男性，則可能在某種程度上偏向基於自己優渥的生活狀況有偏頗的判斷。

現在，擔任管理職的人約有九成是男性（日本總務省「勞動力調查」二〇一五）。眾院議員也有九成是男性。如果把這個比例加以視覺化，呈現出來是這樣。

■■■■■■■■■□

如此一來，就是以多數的觀點來決定事情。少數人如果有意見，似乎也很難被聽見。尤其政治的情況也會有這樣的傾向。七比三的狀況是這樣。

■■■■■■■□□□

我認為，最起碼比例得是七比三，如此少數意見比較不容易被忽略，整體風向也容易改變。

現在，我們的組織是由這些將家務育兒完全委託給全職主婦的男性們來決定，他們非但不關心試圖要兼顧工作與家庭的父母們所遭遇的問題，甚至也難以理解問題的源頭。

選舉期間或許會發生某些政治家藉由待機兒童問題試圖引起黨派鬥爭與權力鬥爭。然而，一旦選舉結束，原本對此事就莫不關心的他們，想當然地就此轉頭離開，問題仍舊得不到解決。就算保育園的四月入園申請期間過去，即使選舉結束，那些無處托育孩子，為此無法工作的雙親們，每年仍舊不斷產生。

如果不能讓更多的當事者們參與國會與企業中決策過程的話，無論是關於待機兒童或是工作方式的問題都將無解。

保育園只會帶來困擾？

在待機兒童人數居全日本之冠的東京都世田谷區，由於鄰近居民的反對聲浪，使得多項保育園建設計畫被迫中止。究竟發生了什麼事呢？

從以高級住宅區知名的大田區田園調布車站走路約十分鐘，穿過幹線道路環狀八號的東側的廣大住宅區的十幾棟處，橫掛著黃色的布條。

「反對開設！反對破壞居住環境！」

「這裡到處都是危險的三叉路口、坡道、單行道，真的不適合設立保育園。」

「世田谷區一意孤行地想要建設保育園。」

預定建設保育園的地址在世田谷區東玉川一丁目，就位在世田谷區五大區域之一的玉川地區。該地區的地價每一平方米約為五十八萬日圓（二〇一七年公告地價）。

飄揚在高級住宅區的黃色抗議布條

世田谷區的保育園建設預定地是約五百平方米的空地。原本是日本防衛廳的所有地，曾建有職員宿舍，之後防衛廳廢止宿舍並將土地歸還給財務省，此次的開發計畫是預計將該土地借給世田谷區開設保育園之用。

然而，當世田谷區針對附近居民開辦說明會時，有一部分居民以「希望維護寧靜社區」為由加以反對。之後，就在預定地附近的十幾戶住家掛起了反對的黃色抗議布條。在寧靜的街道上，布條上的文字顯得非常搶眼。

這些持反對意見的居民們的意見大略有以下這些：

「屆時接送孩子的交通流量大增，會變得非常危險。」

「孩子的聲音與家長們談話聲音都會影響安寧。」

「擔心蓋了保育園後，這裡的地價會下跌。」

根據《週刊朝日》（二〇一六年四月二十九日）的報導指出，該反對運動似乎有前防衛廳長官等該地區的有力人士參與。

確實，對於附近上年紀的人們來說，汽車往來增加，可能影響原本的寧靜，對此他們懷抱不安。因此政府機構更是需要努力消解民眾的不安並取得民眾的理解。

建設保育園的進度落後，使無法回歸職場的人數增加

世田谷區的待機兒童人數在二〇一六年四月時有一千一百九十八人。該區於二

〇一五年度計畫將保育設施的收容人數增加兩千零八十二人，卻由於無法獲得鄰近居民的同意，使得五項設施的完工進度遭到拖延，預計增加的收容人數只達到原目標的六成（約一千兩百五十九人）。結果，造成一千一百九十八人連認可外的設施都無法進入，而成為待機兒童。

位於世田谷區南部，鄰近大田區與目黑區的「玉川地區」原就是認可與認證保育園稀少的區域。該區目前的待機兒童人數約占全區的四分之一，有三百人之多。

對於保育園問題了解甚深的區議員風間佑勇這麼說道：

「那些花心思在找保育園的母親們會把保育設施較少的這個區域稱為『保育園魔王的三角地帶』。多數的母親們都在期待新的保育園成立。」

區公所為了要紓解這樣的狀態，計畫於二〇一七年四月時，能夠增加兩千兩百個名額。一旦開設新保育園的時間延後，將使得請育嬰假的父母們無法銷假回去上班，最糟的情況是就此失去工作。

有位居住於玉川地區，最近才生第二個孩子的三十多歲的女性這樣說道。

「如果明年四月保育園蓋好，我就能安心地回去上班。但沒想到，現在居然連蓋個保育園都這麼困難。好希望能跟反對這項計畫的人們好好對話。」

相衝突的利益該如何協調

保育園難道真的是造成居民困擾的設施嗎？真實情況是，保育園的經營是在非常考量到地區的狀況下進行的。

玉川地區的保育園的老師這麼說道。

「如果白天我們上音樂課，讓孩子們練習樂器，鄰居就會打電話來申訴：『我上夜班，白天需要補眠，請安靜一點。』園長與老師只好向對方道歉，盡量保持安靜。」

另外，若有孩子在戶外哭泣，老師們會在鄰居前來抱怨前就把孩子帶進室內。如果連幼小孩子哭泣都成為難以忍受的噪音，並造成困擾，我認為日本已經是不適合養育孩子的國家了。」

階級社會、少子高齡化、雙薪家庭的增加等，都有各種複雜因素在背後。對於高級住宅區的居民來說，他們關心居住環境、提供孩子優質的保育環境；對必須工作的雙親來說，則是關心企業狀況。所在的立場不同，有時雙方也會會產生利益衝突。這是必須由整個社會一起思考解決的問題，如果能讓保育園、父母與附近居民相互協調，把保育園當作「地區之寶」來好好經營，我想應該就能互利共生，共同營造社區的繁榮。

專欄 海外的育兒狀況

如果有機會看一下世界各地的育兒狀況，就會知道在日本視為理所當然的事情，在其他國家不見得如此。讓我們把焦點放在父親，看看他們如何育兒。

首先是時間。家有未滿六歲孩子的父親，一天究竟花多少時間在處理家務與育兒上：美國是兩小時五十一分，法國是兩小時三十分，瑞典是三小時二十一分。日本是一小時七分，相對來說少了許多。

那麼，日本父親們的每日生活又是如何呢？他們在工作上的時間遠高於其他各國。將處理家務與育兒（無償勞動）與職場的工作（有償勞動）加總起來，日本的男性們確實比歐美各國的男性們花費更多時間在工作上。

爸爸們的工作時間之所以這麼長，主要理由在於需要花費長時間工作的日本式雇用慣例。我認為，想要如何安排自己的時間因人而異。有些人認為工作至上，自願將時間都花在工作，並認為與其待在家處理家務、照顧孩子，還不如待在公司工作來得輕鬆。

瑞典約有五成父親會做飯給孩子吃

那麼，照顧孩子的父親都做些什麼呢？有個有趣的調查「比較國際間各國的家庭與育兒」（二〇一〇），是以六國約有五千人的母親與父親為對象所做的問卷調查。對於家中由誰負責孩子的飲食的問題，回答「主要是父親」、「父母都有」的比例，日本約是10．1％、韓國是20．4％、泰國是27．6％、美國是百分之34．8％、法國是27％、瑞典是45．6％。由此可知，日本父親做飯給孩子吃的比例約是一成，遠低於其他五國。

那麼，當問到「與孩子共處時都做些什麼」時，最多的回答是「一起吃飯」、「說說話」、「一起看電視」。尤其是關於「一起看電視」這項答案，日本、韓國、泰國等亞洲三國約有80～90％，而歐美三國較低，法國是30％。由此可知，當亞洲的父親與孩子一起相處時，多是一起看電視。

另外，同屬亞洲國家，泰國的父親與孩子相處的時間更長。原因在於泰國的父親雖多屬農林漁業或是自營業，但即使是上班族，公司也能認可父親帶著孩子。比方說，接待客戶打高爾夫球，帶著孩子也不奇怪。而且不論男女，只要有了孩子，就會互相幫忙分擔家務與育兒。

再者，在問卷調查中，問到「父母誰會出席學校的家長日」，回答「主要是父親」的比例，日本與韓國最低。即使是雙薪家庭，回答「父母一起出席」的，日本是13％、瑞典是54％（牧野、渡邊、舩橋、中野二〇一〇）。

實際上，在日本，會出席家長日等「身為父母的工作」的多數是母親。

法國有四周暑假、美國有母乳宅配服務

不論是育兒時間或是陪伴孩子，日本的父親們與他國相比，參與的比例都顯得低落。我想最大的差別就在於，各國的制度與工作方式上。讓我們來看看，號稱是雙親都工作的社會——美國與法國。

法國不但工作時間短，家庭政策也非常完善。法律規定每週工時三十五個小時，即使加班每日平均只有一到兩個小時。不只如此，成人也有連續四週的暑假與一週的寒假。如此一來，不論男女皆能好好分配時間處理家務與照顧孩子。政府的預兒津貼相當多：家庭津貼（第二個孩子開始）、家庭補足津貼（三個孩子以上的家庭）、未滿三歲幼童托育補助、看護補助、新學期津貼等等。雖然領取津貼有所得限額，但當一個家庭的孩子越多，獲得的津貼也越多，相較於日本，法國的父母所領取的津貼更多。

由於美國是個重視市場構造的國家，因此勞動時間比歐洲長，國家所提供

的支持也比較少。美國沒有育嬰假的補償金。取而代之的是，企業方面會提供較具彈性的工作方式與充足的社會福利。被《職業婦女（*Working Mother*）》選為「前百大工作愉快的企業」的大多數都引進彈性工時（flextime system）、居家就業（telework）、職務分擔（Job sharing）的工作模式。

甚至，有些企業還提供免費的管理員服務（concierge service）。員工們可以委託管理員幫忙開車、購買孩子的生日禮物、衣物送洗服務等。更驚人的是，針對哺乳中的女性員工，也提供將出差中母親的母乳宅配到府的服務。但是，這項福利主要只限管理階層與專業人員。我們知道，能夠享受該項福利的人們多半有能力雇用外傭或是保姆。如若是薪資不高的父母們則只能請家人或親戚幫忙照顧孩子。從育兒狀況，也可看出美國社會的貧富差距。

與法國相比，日本不但勞動工時長，育兒津貼相對也比較少；與美國相比，日本缺乏具彈性的工作方式，外傭人數也少。這中間的差距得靠家人的努力設法彌補。即使說是靠家人彌補，但日本工時長的父親們在育兒時間與育兒項目上的分擔顯得少很多，大部分是由母親們承擔。與雙薪家庭較多的國家情況相比，我們不難理解日本之所以生育率低下、養育孩子不容易的原因所在。

第五章

名為職場與主管的高牆

職業婦女要向主管與同事道歉到何時？

近來，各項調查指出，當問及對女性擁有工作的看法時，回答「即使有了孩子也想繼續工作」的人數增加了。然而，養育幼兒的女性常為了照顧孩子而必須請假，甚至也不太加班。為此，媽媽們常必須向職場的同事們與主管道歉，而大家也多認為道歉是應當的。

因育嬰假與有薪休假、早退而不斷低頭道歉的女性們

某日，在東京都內工作的四十多歲上班族長谷川惠子與交情好的女同事鈴木與井上三人一起吃午餐。惠子已婚，育有兩個分別為五歲與三歲的女兒。鈴木與井上則是單身。三人的生活型態雖有不同，但個性很合得來。

午餐聚會中，話題聊到男同事P先生。P先生是英國籍員工，育有三個孩子。井上說：「P先生因為有小孩，所以幾乎不加班。」

「我覺得日本的職場若是能改變成那樣……」惠子話才說出口，井上與鈴木立刻同聲反對。

「P先生明明比大家早下班，卻連聲抱歉也沒說。如果他開口道歉，我還比較理解……」

她們兩人似乎非常生氣。看著她們生氣的臉色，惠子心沉了下來。兩位好友曾表示理解她要兼顧工作與育兒的辛苦。但看到她們兩人的反應，惠子想或許自己也讓別人有同樣的感覺。

無論是請育嬰假時，或是回到工作崗位後，當孩子發燒得請假時，惠子都必須要對主管與同事道歉說：「造成你們的困擾了」、「真的非常抱歉」。

即使內心抱歉，但費心養育下一世代的孩子應該也算是對社會有所貢獻。事實卻不然，生完小孩後，每當帶著孩子坐電車，或是在公司上班時，惠子總是感受到周遭的「你們是大麻煩」的眼光。如果不戒慎恐懼、不出言道歉，就會遭受白眼，因此總是感到極大壓力。

同樣身為孩子的雙親，自己的丈夫卻不需要因此而不斷向公司道歉，惠子為此感到內心煩躁不已。

單身女性也有想要休息的時刻

另一方面，不需要育兒的女性也有想要休息的理由。

在東京都心工作的三十多歲上班族齊藤美紀目前單身，負責許多工作，也常出差。公司裡另有幾位職業婦女，她們常以孩子為理由請假。

對於美紀來說，她並不反對帶孩子的女性同事能有育嬰假或是有薪休假，但她希望的是，即使是單身女性也能有請有薪休假或放長假休養身心的機會。然而，實際上，公司雖有休假制度，但與有整個社會支持的育嬰假不同，整個公司的氛圍並不是能輕易提出休假的環境。

以往，她曾經跟職業婦女的朋友提出疑問，朋友這麼回答她。

「育嬰假不是休假。比上班工作還要辛苦。」

事實真是如此嗎？對此，她煩躁不安。

明明美紀在工作上花費了所有時間，連自己的私人時間都沒有，還得要支援別的同事，她感到不公平。偶爾連休時，她累得一個人躺在床上，每每不知自己究竟在做什麼。有時也會落寞地擔心老後生活。

自從一九九〇年代以來，日本的雙薪家庭比例有增加的趨勢，另一方面，晚婚與不婚的比例也增加。女性的生活方式變得多元，生育孩子的女性與未生育的女性之間的代溝也因此產生。

但是，我在想，這真的是女性的問題嗎？

無論男女老少，在職場上都互相幫忙

職場上的管理職約有九成是男性，而這些男性中大半都由妻子擔任全職主婦，負責家務與育兒。因而有相當多的男性主管無法察覺女性們在工作與家庭間的糾葛。

在二〇一五年九月底止，女性上班族生產後，請育嬰假者的比例為81．8％。另一方面，當妻子生產後，請育嬰假的男性則僅有3．2％（日本厚生勞動省「平成二十八年度雇用均等基本調查」）。在日本為了育兒請假的人大多數為女性，因此而不斷道歉的，當然也都是女性。

如果男性能再多分擔點育兒與照顧的責任，漸漸地大家就會對「不論男女老少都互相幫忙」習以為常，所謂的「老是為了照顧孩子而休假的女性該道歉」的職場氛圍也會逐漸改變。另外，如果按時下班成為常態，即使不加班也不會遭受責難了。

專精人力資源管理的法政大學教授武石惠美子指出，「重要的是，不要讓育兒成為神聖領域」。如果在政策面只是讓育有孩子的女性能兼顧家庭與工作，那麼將為不需要育兒的其他同事帶來工作上的困擾，職場的管理更加困難。因此，我認為政府必須也要擬訂一些讓男性的工作與生活能取得平衡的政策，諸如：改善長工時狀況的政策。

企業方面，則要能看穿職業婦女實為代罪羔羊的現狀，好好地檢視目前員工的工作方式，並找出更好的方法。我相信只要職場成為工作起來很順心的場域，那麼有一天，因為要照顧孩子而必須向同事們賠不是的狀況將會減少。

將請育嬰假的父親控制在1／200的「育嬰假騷擾*」主管

「不帶孩子的男人，不叫做父親。」

一九九九年時，日本厚生省的一張海報上印有這樣一句標語，立刻成為大眾討論的話題。當時，男性休育嬰假的比例僅有0．4％。

二十年後的現在，日本休育嬰假的男性依舊是少數。在二〇一六年時約有3．2％。雖然政府的目標是二十年內讓男性休育嬰假的比例增高為13％，看來差距還很遠。

另外，育嬰假的天數也很短，據二〇一五年度的雇用均等基本調查結果得知，父親休育嬰假期間未滿兩周的為75％，因而被戲稱為「開玩笑育嬰假」。休超過一個月育嬰假的父親每兩百人約有一人，實在稀少。

*譯註：育嬰假騷擾（Paternity Harassment）討厭請育嬰假男性的行為。積極參與育兒的男性因而遭公司解雇降職，或是被剝奪升遷和加薪機會。

為何父親們不休育嬰假

至今政府提出了多項促進男性休育嬰假的政策，如「爸爸媽媽育嬰加分」計畫。然而，大多數的父親不利用這些政策的原因究竟為何？我想在此可以明確指出幾項理由。

首先，育嬰假期間收入減少。產後半年恢復正職工作的母親只有兩成左右。由於多數家庭中，父親一旦失去工作，家計會就陷入困境，因此，父親總會盡量避免休育嬰假。為此，政府在二〇一四年時將育嬰假給付金提高67％，並且在育嬰假開始六個月內，都能支領原本稅後薪資的80％。這項政策應該能顯出效果。

其次，是男主外女主內的性別角色分割意識。這樣的意識多半內化於人們心中，因此生產前後，多數女性選擇離職，男性轉而成為家中主要生計維持者。我們常見知名男士們在生兒育女後，非但不請育嬰假回家育兒，反而信誓旦旦地說要更加把勁工作賺錢。

最後，是職場氛圍與主管的想法。舉例來說，在東京都的「男女雇用平等參畫狀況調查」中得知，回答想要取得育嬰假的男性超過半數，約有53％。然而，阻礙男性休育嬰假的要因就在於「職場氛圍」、「主管的理解不夠」、「不容易找到同事幫忙擔任職務代理人」。

無法理解育嬰假的男性主管

從經濟面來看，母親的工作是正職的情況下，父親也比較容易休育嬰假。只不過，阻隔在前的，要屬主管的想法與職場氛圍。

讓我們來看看某位極少數取得長期育嬰假的男性案例。在大企業工作的三十多歲男性加藤跟妻子都在上班，為了體貼妻子，他決定在她生產後向公司請育嬰假。加藤的工作需要常加班，再加上職務代理人難找，所以當妻子的腹中胎兒穩定後，他立刻向同事與四十多歲的主管A提出育嬰假的申請，並四處找同事擔任職務代理人。

然而，當他休完育嬰假回到工作崗位後，主管變成五十多歲的B，自此加藤開始受到育嬰假騷擾。

「公司沒必要考量育兒」

如果加藤某日因為妻子身體狀況欠佳而需要提早下班，回家餵孩子吃飯、幫孩子洗澡，主管B就會打電話給他，並怒吼「育兒不能拿來當做不上班的理由」。

妻子是全職主婦的主管B聲稱，加藤的妻子是職業婦女一事屬私人狀況，並警告加藤「公司沒有必要考量育兒」，每天強迫他留下加班。主管B還說，年度考績有一部分掌握在他手上，加藤擔心自己會被排擠，只好遵從主管B的命令。

如此一來，處理家務與育兒的重擔全數落在職業婦女的妻子身上，因此夫妻倆變得經常爭吵，加藤為此常感憂鬱無奈。他甚至想，要是休育嬰假前的主管是B的，他當初應該連育嬰假都請不了。

「熱中家庭的人將無法出人頭地」這個說法的謬誤

人氣漫畫《島耕作》系列的作者弘兼憲史曾說「熱中家庭的人將無法出人頭地」、「有工作能力的人一定不受家庭歡迎」，並因此受到網友批判。

加藤的主管B也認為工作至上，常說「在忙碌部門長時間工作的人才是優秀員工」。育嬰假騷擾的男性通常對於自己的行為沒有自覺。對於本人來說，他或許認為自己非常認真地指導下屬如何工作。

日本勞動組合總聯合會在二〇一四年的調查中指出，約有60%的男性曾受到育嬰假騷擾，並回答「我未曾找任何人商量，就放棄原本可以利用的育兒制度」。

從以前到現在，「像個男人」與「工作賺錢養家」被視為同一件事。基於這個想法，男性要比女性更難以主張休育嬰假的權利。而且，向他人展露弱點這件事本來就「不像個男人」，更形成一道阻礙。育兒一向被視為女性的職責，當某個男性主張要回家育兒而受到育嬰假騷擾時，反而更無法反駁，也無法讓這件事浮上檯面。我認為，社會大眾應該要更重視，育嬰假騷擾的實際狀況。

斥責部下「不好用」的老派主管

現在，三十到四十歲有孩子的夫妻中，雙薪家庭占了一半以上。約在二十年前，這個年紀的雙薪家庭比例只有兩三成（日本總務省「就業結構基本調查」）。

現在五十到六十歲的人們，在養育孩子負擔最重的時期，靠丈夫的薪資支撐全家，而身為全職主婦的妻子則全力支援丈夫。或許是這個原因，造成有許多主管無法理解現今雙薪家庭的難處，為此煩惱不已的年輕職員也越來越多。

單薪家庭與雙薪家庭的無聊爭論

總公司在東京的某大企業O公司。五十多歲的山田部長的妻子是全職主婦，兩個孩子都是大學生。由於大學教育費頗高，所以山田部長對於午餐費與下班後喝一杯的費用都很節儉。

根據日本新生銀行每年實施的「上班族零用錢調查」（二〇一六）結果指出，已婚有小孩的男性上班族的午餐費，雙薪家庭者為五百九十四日圓、單薪家庭者為六百四十三日圓。每月零用錢，雙薪家庭者為三萬零八十三日圓、單薪家庭者為三萬二百二十五日圓。妻子為全職主婦者的上班族每月零用錢稍多一些。

山田部長通常會在超商買兩百九十八日圓的便當當做午餐，他最愛參加由公司出錢的午餐會報。年底，為了不花太多錢在年終聚會上，他改為買啤酒與下酒菜在公司請同事吃喝了結。平常幾乎不會請同事吃飯。

他的下屬是個三十多歲的男性中村，則是雙薪家庭，育有兩個孩子。每當中村在喝咖啡，山田就會跑過來碎念說：「星巴克？雙薪家庭果然奢侈呀！」

另外，當三十多歲的女性下屬小林在閒聊中，提及養小孩很花錢時，山田部長就會用不知是認真還是開玩笑的口吻說：「你們錢很多吧？因為我們家可是我一個人賺錢啊！」

世代間的收入差距有多大

然而，即使如此，山田部長的年收入好的時候會超過一千萬日圓。像山田部長這種在泡沫經濟前進入大企業工作的五十多歲男性員工，多數在年功序列制時，受到大大加薪，即使現在每月的薪水仍舊很高。

另一方面，中村或是小林的薪水則一直被公司壓在極低的狀況下。在泡沫經濟後進入企業工作的世代，不但起薪或是加薪都維持在較低水準上，薪資狀況整體來說都極低落。即使在同一家公司，五十幾歲員工曾受到大加薪，三十幾歲員工卻未曾加薪的狀況也時有所聞。

另外，即使雙薪家庭增加，女性員工每十人中有六人是兼職、約聘員工、短期派遣員工等非正式雇用員工。一九八五年日本的男女雇用機會均等法法案通過，育嬰假制度也已完備，讓女性能繼續工作的制度也已確立，然而九〇年代後，女性的非正式雇用化卻越來越多。有七成的非正式員工，年薪不滿兩百萬日圓。

雙薪家庭的苦惱

某日下屬中村找山田部長商量，想要早點下班回家幫忙妻子照顧小孩。沒想到，山田部長竟然說：「你太太上班是她自己的事，請你們自己在家解決。」為此困擾不堪的中村向部長解釋，上班的妻子一個人要兼顧接送孩子上學與處理家務的難處後，山田竟然勃然大怒：「這是藉口。」

山田部長在女性下屬的面前說「我是職業婦女的好朋友」、「女性活躍於職場是好事」。然而，如果對象變成男性員工，就會說出真心話：「帶著孩子的女性不好用」。

男性的價值

山田部長認為，男人應以工作為重，並努力出人頭地。因此，無法理解男性下屬想要早早下班，回家分擔家務與育兒的心態。再加上「男人的價值以收入決定」這個想法根深柢固，使他也很在意身邊的人的薪資收入。

社會學家伊藤公雄指出，所謂傳統的男性特徵為（1）優越感（2）權利欲（3）佔有欲。因為男性的身分認同與是否在公司內部競爭中勝出及能否養家活口有關。

然而，當雙薪家庭資加，社會整體因而起了極大改變。現在這個時代，要靠男性一人撐起養家活口的責任非常不容易，因此才使得雙薪家庭越來越多。我想，如果能把「應該養家活口」、「應該出人頭地」的價值觀放一邊，身為男性的苦處也就得以緩解。

讓女性在職場上活躍成為主管的升職手段

二〇一四年開始，女性在職場上越來越有自己的一片天。有些企業確實讓女性有發展的空間，而支持女性在職場上大大發揮的主管也大有人在，只不過，同時也有些疑惑的聲音發出來。

口是心非的主管

X社的田中部長是位工作至上，想要出人頭地的五十多歲男性。他認為，身為員工就該長時間待在公司工作。一直以來，他對於生了孩子而不能加班的行政職女性下屬懷抱著「女人不好用」的觀念，幾乎只給她們做些雜務，或是乾脆調派到其他部門。

當公司的高層主管到訪，田中部長總是緊跟在後，逢迎拍馬。有段時間，因為升任下任社長呼聲最高的副社長公開發表「希望我們公司也有讓女性大大發揮的空間」，突然間，原本漠視女性的田中部長竟也脫口說出要讓自己部門的女性下屬有發揮的機會，此舉讓下屬們大吃一驚。田中部長的發言應該是顧慮到自己未來的升遷，試圖討好副社長而說的。

有一次田中部長命令下屬要在會議中提案討論。於是在會議中，某位下屬提出想要導入彈性工時制度。照理說，田中部長應該有許多與女性下屬面談的經驗，但他卻對於彈性工時制度是否符合女性下屬需求毫無概念。

另外，某位下屬提議說，要做個全力支持員工兼顧家庭與事業宣言，結果田中部長發怒道：「這根本就是在調侃我！」其實這位女性下屬的本意是，要美化田中部長的形象。

然而，田中部長實際上根本不關心職業婦女的處境，因此才會將下屬的提議誤解為是在嘲笑他。他的反應讓下屬們完全無言以對。

如果女性能在職場上有所發揮，我希望她們的出發點不是為了他人，而純然是為了自己的幸福。我希望這個社會有一天，能尊重女性對於懷孕與生產的選擇，不論男性或女性都能自在地工作，願意生養孩子的人們能更輕鬆地養育孩子。

專欄補充⑤

為何鼓勵女性在職場上活躍

究竟政府與企業為什麼要鼓勵婦女活在職場上盡情發揮呢?簡單來說,主要的理由之一就是為了經濟成長。由於日本社會越來越趨向少子化與高齡化,勞動人口相對地也越來越少,為了維持經濟成長,必要的手段之一就是鼓勵婦女就業。另一個理由則是,改善少子化的現狀。調查發現,那些提供完善的環境使婦女能兼顧家庭與工作的國家,生育率反而上升。

然而,當女性活躍於職場,問題也會接踵而來。政治學者三浦麻里提出以下狀況:首先是以經濟發展為優先的婦女就業計畫,會使一部分婦女只能從事非正式員工的工作,使之更為貧困。原因就在於,新自由主義下,企業會追求經濟合理性。不論男性或女性,只要能為企業帶來高附加價值,或是能接受較低薪資,對企業來說就算是有助益的人才而加以聘用。因此,當企業需要雇用女性員工時,就會選擇低薪資的非正式雇用方式。另外,日本政府介入懷孕生產這種女性個人選擇,為了國家而獎勵由母親負責育兒。以上這些因素都是把女性當做達成某種目的的工作使用（三浦　二〇一五）。

由於日本政府鼓勵女性活躍於職場，而獨厚精英女性，造成女性間的差距，於是政府於二〇一四年開始打出「讓所有女性發光發熱揮政策」（辻　二〇一五）。這項政策不同以往的經濟政策，主要重心放在安心育兒、改善非正式雇用女性環境等以女性為主的社會整體改革上（皆川　二〇一四）。

為了形成男女共同參與的社會，日本政府於二〇一六年開始施行女性活躍推進法，員工超過三百人的大企業有義務要向大眾公開行動計畫。重要的是，我們每一個人都要上網搜尋，看看哪些企業是真正配合政府政策。

育有四兒的大學教授父親「請育嬰假就沒有加給」

日本政府為了將防止育嬰假騷擾發生轉為企業的義務，於二〇一七年一月開始實施改正育兒・照護休業法。期望今後日本能有更良好的工作環境。

然而，目前大眾對於男性休育嬰假的接受度仍然不足。以男性為主的企業社會中仍然認為育兒是女性的責任、也普遍擔心請了育嬰假就會影響升遷與加薪。

其中，日本關西地區的某大學曾發生某位請了育嬰假的大學教授上法院告大學一事。這位大學教授聲稱自己由於請育嬰假而喪失升遷機會，因而以「育嬰假造成損失」為由，要求大學方取消某部分就業規則，並賠償他原本應有的加給金額。以上案例中，究竟發生了什麼問題呢？

因為想要陪孩子，請了九個月的育嬰假

大學教授佐藤健一（四十多歲），在妻子生下第四個孩子的二〇一五年秋天起請了九個月的育嬰假。一般來說，男性請育嬰假的期間有六成不滿五天，佐藤這個案例相當罕見。

對於想要請育嬰假的理由，他這麼說：

「我很喜歡小孩。光只是工作卻不充分育兒，對於從事教學的人來說是本末倒置。」

在他提出育嬰假申請前，先確認過大學的就業規則與育嬰假休假規定。然後，他發現了怪異之處。

根據薪資規定，教職員每年四月一日會加薪，加薪對象為四月一日仍在職者，並規定僅限去年一整年都在職者。也就是說，如果前一年請了育嬰假沒有工作，就不在加薪人員名單內。

另外，就業規則中的育嬰假休假規定中，寫明了育嬰假期間並不計入加給期間，加給的計算從復職後工作滿十二個月當年度開始。

佐藤向未曾加入的教職員勞動組織諮詢後，去找大學人事課商談。結果，人事課負責人回答說：「育嬰假與病假以同樣方式處理，學校方面並沒有針對育嬰假做不當處置。」

在沒有得到可接受的回答下，佐藤開始休育嬰假，經過了九個月全然沉浸於處理家務與育兒後，他開始銷假上班。但由於他的育嬰假橫跨了兩個年度，按照規定，他必須在兩年一個月後才有可能拿到加給。

然而，一旦加給延遲，後續的以基本薪水為基礎的各種津貼、紅利與年金都大受影響。雖然教職員勞動組織向大學方提出改正就業規則的要求，卻未曾收到任何回應。

養育越多孩子，越得不到加給的結構

根據這樣的規則，越是請育嬰假，越是養育孩子，越是得延後得到加給。如果請育嬰假反而帶來薪資損失，那麼不單是男性，連女性教職員也會猶豫是否該請育嬰假。

然而，日本育兒．照顧休業法第十條明令禁止企業不得以育嬰假為由，做出不利員工的對待。以下摘要一些內容：

▽解雇▽不續聘▽將勞動契約內容變更為更惡劣的條件▽要求員工在家待命▽降職▽減低薪資或減少紅利加給▽給予不利員工的考績

該大學的規定明顯牴觸此項條例。由於無法與大學方進一步對話，佐藤得到教職員勞動組織的協助，向法院提出告訴。以「無法獲得加給的狀況，符合日本育兒．照顧休業法第十條的禁止不當對待條例，相關就業規則違反公共秩序，應為無效」為由，要求大學方賠償無法加給的損害。

以往的判決

以往也曾有過類似的判決。在京都市某醫院工作的男性看護師以院方對請育嬰假三個月的他不給予加給與升遷是違法行為為由，向法院提出告訴。

醫院的就業規則中有一條規定：取得超過三個月育嬰假者，隔年不給予職業加給，連續兩個年度不得參與升遷考試。法院認為院方在升遷與加給方面，對於休育嬰假者不友善，因此判原告勝訴，二〇一五年十二月並由最高法院裁定。

佐藤任職的大學認為學校應該每年給每位教職員工加給。但佐藤與勞動組織想要訴求的是「學校方把育嬰假休假者等同於因其他事務缺席者，不給予加給以及延遲給予加給一事，根本是極為惡劣的不當對待。」

遇到問題務必找人商量

根據日本厚生勞動省指出，勞工因結婚、懷孕與生產而遭到不當對待，因而前來諮詢的案件，二〇一五年有兩千六百五十件，由於休育嬰假而遭到不當對待的諮詢案件則有一千六百一十九件之多。我懷疑，這些數字只是冰山一角。

如果你剛好碰到這樣的狀況，請不要一個人煩惱，務必要找人商量。前面的佐藤找的是學校的勞動組織，但你也可以找信任的人或是相關非營利組織、勞動部各局處諮詢。育兒決不亞於工作賺錢。請挺起胸膛，不要後悔曾經休育嬰假。

佐藤這樣說道：「我因為育兒而開始察覺社會上的許多狀況。我家孩子們因為我在家陪他們，而增加了更多笑容。我希望因為我的拋磚引玉，能讓更多男性順利取得育嬰假。」

第六章　青年的理想與現實

二十到三十歲高收入男性的「想結婚症候群」

在這個越來越晚婚與不婚的現在，據說年輕人對於結婚仍抱著極高意願。在一項二〇一五年所實施的調查中得知，回答「肯定要結婚」的未婚者比例，十八到三十四歲男性為85．7％，女性則為89．1％（國立社會保障．人口問題研究所「第十五次出生動向基本調查」二〇一六）。

然而，有男女朋友的年輕人卻日漸減少。在同一項調查中顯示，沒有交往對象的未婚者，男性為69．8％，女性則是59．1％。也就是說，現在的年輕人與其想談戀愛，反而比較傾向於想結婚。

在我所任教的大學中，某位女學生這麼說道。

「我比較想結婚，不想交男朋友。」

目前沒有交往對象，對談戀愛意興闌珊的男學生們也異口同聲地說「我相信有一天會遇到真命天女」。某位學生這麼說道。

「這一切都是因為媒體整天報導孤獨死。」

尤其是，那些高學歷又高收入的二十幾歲男性，有一部分由於父母的期待與身邊朋友都結婚了，而把結婚視為一項人生重要的里程碑。接下來，請容我帶各位窺看一下這些三十幾歲男性的「想結婚症候群」。

把對象設定為過了適婚年齡的三十多歲女性

以二十五歲的翔太為例。他非常認真地讀書，並從國外研究所畢業，強烈希望自己未來可以在國外繼續讀書或是工作，但一想到結婚機會就搖擺不定。

「我從未交過女朋友。目前為止，努力追夢的結果就是好像快要錯過結婚的機會，所以正考慮乾脆在日本工作算了。」

二十八歲的達也從日本知名大學畢業後，現正在外資企業工作。

「我這個人沒什麼企圖心，不特別想在工作上達成什麼成就。自己不太知道為了什麼目的賺錢，也沒有真的那麼需要買勞力士，就這樣沒有目標地一直工作。」

目前，達也沒有交往對象，卻正為自己設立詳細的結婚計畫。

「我喜歡慶應大學畢業的女性。有教養也聰明，最好要惹人喜愛。只不過，二十幾歲的女性很受歡迎，就算交到女朋友，能一直交往到結婚也不容易。所以，我想要交往的對象是過了適婚年齡、對人生有些迷惘的三十幾歲女性。那時，如果我在商社或是企管顧問公司工作的話，就是個條件極好的結婚對象，所以我打算要換工作。」

男性的新結婚條件

心理學家小倉千加子在其著作《結婚的條件》（二〇〇三年出版）中，犀利地描繪出當時女學生們所夢寐以求的與具備「經濟力」、「穩定職業」的對方擁有幸福結婚的狀態。據小倉本人說，結婚的條件是跟著女性的學歷而有「生存」、「依附關係」、「保存」這三種階段的。「生存」是高中畢業女性的對另一半的條件，希望對方能讓她生活無虞。「依附關係」是短期大學女性對另一半的條件，希望婚後當一位全職主婦，伴侶願意容許她以興趣為工作。「保存」是大學畢業、擁有證照與一技之長女性的擇偶條件，希望另一半能一輩子都尊重她保有自己的工作。然而，由於年輕男性的收入偏低，完全不吻合她們開出的條件。

對於女性們來說，可以說結婚對象就等於是「在理性與盤算下選擇的」。戀愛與結婚的關連性越來越薄弱，有一部分的年輕男性似乎也越來越有類似的傾向。

實際上，研究顯示，當女性學歷越來越高，雙薪家庭越來越多，即使其他條件相當，男性對於女性的學歷越來越在意。也就是說，如果職場環境變得適合女性擁有正式工作時，男性也會認為跟會賺錢的女性結婚是相當合理的事，即經濟條件高

的兩人結盟之意。（筒井　二〇一六）

比方說，雙薪家庭成常態的美國前總統歐巴馬與律師蜜雪兒結婚，他們倆同為成功人士，歐巴馬的妻子並不是位年輕貌美的花瓶。

學生間的兩性關係

前面的調查指出，沒有異性交往對象的未婚者增加，男性有69．8％（二〇〇五年時為52．2％），女性有59．1％（二〇〇五年時為44．7％）。其中，回答「沒有特別想要與異性交往」的男女整體比例為三成。

學生們不想要交男女朋友，並說出「大學不存在邂逅」。每天分明有那麼多男女學生在教室中碰面，這樣的現象真是令人匪夷所思。據他們／她們說，那種場合根本不能稱為邂逅。男性學生們這麼說道。

「如果在同儕中，老想著要交女朋友，會被同學們指指點點，實在太麻煩了。」

「我不覺得需要跟女生講話，只跟男生說話比較輕鬆。」

尤其是在一年級學生的課堂上，教室內的學生們仿佛約定好了似地，男生女生竟然分開坐。剛好分成左右兩邊，宛如在聯誼一般。當我向學生們詢問原因，他們說，沒有刻意，一切自然而然。

最近的大學生會團體旅行。男女多人同住在Air B&B或是民宿的同一個房間，一點也不稀奇。

他們笑說：「就是朋友間會有的，根本不會發生什麼事。」

九〇年代，日本有一齣由鈴木保奈美與織田裕二主演的愛情連續劇《東京愛情故事》，當時收視率非常高，由此可見當時年輕人們的愛情觀。

自從自由戀愛越來越普及的這數十年以來，現在的年輕人似乎仍然相信婚姻，卻再也不渴望戀愛了。

高牆？因「戀愛結婚生子」搖擺不定的男性們

實際上的晚婚化與不婚化狀況究竟如何呢？三十到三十四歲的未婚率，男性約為46．5％，東京的男性占其中的50．3％；女性則為33．7％，東京的女性占其中的39．5％（日本總務省「平成二十七年國勢調查」）。

造成晚婚化的主要理由不單只是在於年輕世代男性的收入低落，還有女性對於結婚對象的經濟力仍抱有極高的期待。另外還有其他理由，如女性的高學歷化、與人交往的機會增加、與父母同住、「滿足於二次元女性（動漫與電玩遊戲）」等。以及，對於戀愛抱持消極與覺得麻煩的年輕人增加了。

我每天都與大學生接觸，可以感受到某種狀況。年輕人們常使用推特、LINE、IG與臉書等的社群軟體。因此他們二十四小時都在關注自己的交友關係。

只要是好友或是朋友，都能得知彼此的狀況：誰與誰交好、誰與有好感的對象出去玩等。朋友間在社群軟體中，互相揣測彼此狀況，如果無法確認某人對自己真的有好感，就沒有勇氣去跟對方告白，甚至漸漸地也不告白了。或許是因為擔心被對方拒絕，或許是因為害怕萬一被拒絕後，所有人都知道，因此對於談戀愛感到麻煩。

想從婚禮照片取得自信的男性

社群軟體不只影響談戀愛的模式，也影響了人們的結婚觀念。二十九歲的高收入男性直人雖然想結婚，但總尋覓不到結婚對象。

每次直人在臉書或是ＩＧ上看到朋友或是認識的人的婚禮照片就會感到煩躁，並嫉妒他人的幸福婚姻。

「Ａ小姐一定是因為對方是某大企業的員工才跟他結婚的。這兩個人感覺有點討厭，我絕對不要去參加他們的結婚派對。」

另一位是二十多歲的雄大，他總覺得自己比其他人優秀，老是要跟人比較。他表示，希望自己未來是以在社群軟體上將女友或是結婚對象的合照公開的方式昭告大家，他這麼做是想要讓別人羨慕。

他嘴上老是說「如果要結婚，一要模特兒，二要空服員」，熱切地希望自己能跟長相外型甜美有氣質，且從事男性憧憬行業的女性結婚。

無論男性女性，都希望親友能接納自己喜歡的結婚對象，也會想要尋找能讓自己驕傲的交往對象或是結婚對象。在社群軟體蓬勃的這個時代，這種想法更是強烈。

想不出除了結婚以外的幸福模式

「為什麼要結婚」這個問題，無論是在社會上或是學問領域上都由於過去將其視為理所當然，而沒有人提問。

那麼，在通往結婚之路的阻礙漸多的現在，這些高收入男性想要結婚的理由是什麼呢？有人說，是因為「結婚生子」才算是長大成人的舊型大男人想法所致，但似乎還有其他理由。

不滿二十五歲的駿現在沒有交往對象，但他將來想要結婚。

「就算在社群網路上朋友很多，充其量也不過是『留言已讀』的淡薄關係。這樣的關係反而令人感到壓力。我認為最後能夠依靠的唯有血緣（孩子）了。」

另一位也是未滿二十五歲的拓海，交過許多女朋友，對於戀愛與結婚，他是這麼想的。

「如果有女朋友，就會被逼著要回電，穿著也要被管，總之就是很麻煩。所以與其被戀愛束縛，不如就換個對象，只要上床就好。這樣比較輕鬆。」

即使如此，拓海最終還是想要結婚，有小孩。對於我的追問，他顯得有些困擾地這樣回答。

「我不知道除了結婚生子外，還有什麼樣的人生算得上幸福。」

在這個工作權不穩定，政府保障措施脆弱的現代社會，即使人們有高學歷高收入也仍然感到不安。對於他們來說，如果結婚卻沒有生育孩子，在精神層面上或許會對未來感到茫然。

結婚與生子一定分不開

以前的社會有個規範：「戀愛一定是以結婚為前提」、「性行為必須等結婚之後」。然而，現今人們對於這樣的想法已逐漸淡薄，對年輕人來說，戀愛與性行為不必然要與結婚有關。但是，如果多數學者專家所說，人們仍舊強烈認為結婚必然與生子分不開。

在我任教的大學裡，若向男學生詢問這樣的問題「將來結婚，有沒有可能不生孩子」，多數學生回答「不可能」、「不能想像」。在本章一開始的調查中，向受訪者詢問他們認為結婚的好處時，最多提及的就是「能擁有自己的孩子與家人」。這樣的回答與一九八七年的調查相比，有增加的趨勢。另一方面，針對同一個問題，回答「因為可以跟相愛的人共同生活」的比例，約僅有一成多一點，而且是越漸減少。

在日本出生的孩子中有98％是婚生子女，非婚生子女的比例約2％，與歐美先進國家相比，顯得非常少。

另外，在五十歲時仍從未結過婚者的比例，男性為23．4％，女性為14．1％（二〇一五年），目前正逐年上升中。有人預測，未來男性每三到四人之中就會有一人是從未結過婚者。

對於女性的生活方式影響甚深的社會學家上野千鶴子，犀利地這樣解讀結婚：「給予異性戀伴侶法律特權與經濟保護的制度根本是無稽之談。」她甚至認為，結婚充其量不過是選擇之一，不必要特別規定。

現實是，年輕世代結婚的人正在減少，結婚已然是人生眾多選擇之一。正由於結婚已不再是人人都有的選項，對於在男女聯誼活動中總是勝出的高收入男性而言，更是覺得非結婚不可，並為此感到焦慮。未來，由於社群網路環境、對戀愛的消極態度、結婚對象必備的嚴苛條件、強烈地想要生養孩子等各種複雜因素交雜，年輕人們對結婚的期望與現實的落差必然會更大。

新進社員眼中宣稱「支持育兒」的企業黑暗面

每年四月，學校畢業生進入職場成為新進社員。比方說，某女學生在畢業後，開始在某公司擔任業務員。之後不斷地在社群網站上抱怨著「越做業務越沒有感情」、「不想去上班」，試圖告訴大家工作的辛苦。她在社群網路上的發言似乎並沒有違背事實。

另一方面，某男學生在就職後，在推特上這樣說道：「工作越來越輕鬆」、「這次休假好開心」等。看來他似乎很有精神，狀況頗令人安心，但某次有機會與他碰面閒聊，才發現真實的他與社群網路上的模樣大相逕庭。男學生說，公司對他們頗壓榨，自己深感身心俱疲。由於一般人對於男性的刻板印象是「不能示弱，否則不是男子漢」，導致他無法在人前說出「工作很辛苦」等言論。

實際上，在了解了二十幾歲男性出社會第一年的經驗後發現，即使是日本厚生勞動省認定的，獲得標章的「支持育兒企業」也是以壓榨勞工的方式要求員工工作。以下，讓我們來看看幾個案例。

毫無意義的陪加班至每天半夜一點

二十幾歲的康平任職於東京某大企業總公司，擔任正式職員，第一年被安排到分公司工作。他遵從主管的命令，每天上午七點準時上班，負責清掃辦公室。每天下班回家的時間也很晚，經常要陪同事加班到深夜一點左右。每個月加班時間隨便都超過一百個小時。即使如此，身為新進人員的康平並沒有特別要做的工作。即使下班時間到了，由於主管不准他下班，只好坐在辦公桌前看著電腦殺時間，就這樣陪著加班。

除了在辦公室陪加班，康平也要與廠商應酬。應酬時，他要一直站著拿酒瓶，明明沒有進食，卻得要自掏腰包支付好幾千日圓的應酬費用。

康平希望有一天能結婚生子。然而，工作時間長，導致休閒時間減少，沒有時間與女性認識。由於未來工作可能不會有所調動，他也不知道這樣的生活模式會持續多久，未來似乎一片黑暗。

「權力騷擾四天王」天天說不行

二十多歲的智也在知名大企業擔任正式員工。由於在入社的研修活動上表現不好，被人事部門特別注意。結果，他被分配到素有「權力騷擾四天王」之稱的男性主管所在的業務部門工作。

「權力騷擾主管」每天當著數十個同事面前，大吼新進員工的智也。明明主管從來不指導智也工作方式，卻只不斷大聲咆哮道「這個也不會嗎」、「我不是跟你說過了嗎」。

不只如此，除了工作以外，主管也三番兩次把智也與其他同事相比較，嘴裡不斷說出詆毀人格的話語「你糟糕透了」、「你的樣子蠢極了」。在這樣的情況下，智也越發感到壓力沉重，終於陷入憂鬱狀態。第一年夏天時，他考慮要換工作，然而由於找不到其他更有發展的工作，於是只得日日忍耐。

二十多歲的大樹也是知名大企業的正式員工。他被分發到必須每天與廠商應酬到深夜的部門。不管有多麼疲累也無法回家，應酬完常得回到工作繼續加班。

有時候，在應酬時大樹會被強迫要脫去褲子表演才藝。就算是學生時代，同學們再怎麼惡作劇也不至於如此。他雖然感到屈辱，但考量到擔心被職場前輩們「厭惡」，只好忍耐不說，完全是欲哭無淚的狀況。後來，大樹在進公司半年後，視上班為畏途，逐漸喪失自信。

不論是智也或是大樹的主管們似乎都相信，在人前批判人格叫做「指導下屬」，讓下屬在人前脫光叫做「文化」。然而，這卻是實實在在的權力騷擾。

讓年輕男性也能取得工作與生活的平衡

前述的大企業非但不是被貼上「黑心企業」標籤的企業，反而是一般人印象中的優良企業。這三家企業每年都是畢業生最想就職的人氣選項。然而，即使是這樣的企業，對於年輕的男性員工仍舊要求要長時間工作與嚴苛的工作方式。在各種調查結果中得知，多數的二十多歲男性都希望未來能積極地參與育兒。然而，如果類似的企業要求的工作方式與文化不思改變，這些未來父親的願望也將無法實現。

養兒育女不單只是女性的問題。國家或是企業也應該要同時考量到年輕男性們的人生，試圖改善他們的嚴苛的工作方式才是。

大學入學難易度不同，女性對公司失望的時機也不同

身為大學教授，我經常有機會與企業人事部的人們談話。前些天，某位上市公司的人事部男職員跟我這樣說。

「人員招考時，女學生通常比較優秀，但錄取後，女性都不思上進呀。」

我在想，如果他說的是事實，那一定不是她們的問題，而是企業方與社會造成的。他聽我這樣說後，這樣回答。

「那麼，究竟女性們是從什麼時候開始，又是如何逐漸失去上進心的呢？做為一般員工的女性們似乎比較開心，身為管理階層的女性卻一點也不幸福。」

目前為止，我曾在三所大學指導過專題課。這三所學校分別是與早稻田慶應同等級的A大學、與MARCH（明治、青山學院、立教、中央、法政）同等級的B大學、與日冬駒專（日本、東洋、駒澤、專修）同等級的C大學。如果以某大補習班的偏差值來看，分別是70、60、50左右。我每週都會與專題課的學生談話，所以非常理解學生們的想法。他們畢業後，我仍與他們保持聯絡。我從他們身上察覺到一件事：依據大學入學考試的難易度不同，女性對於社會感到失望的時間也不同。

當然，樣本數或許太少，無法視為一般現象。然而，我卻觀察到以下狀況。

日冬駒專女子・「新・全職主婦志向」

我在C大學接觸到的女學生們，大多懷抱著小倉千加子在《結婚的條件》一書中所提到的「短期大學畢業女性」們相似的希望，即是「我們將來會成為全職主婦，因此想要找個能讓我在家安心育兒，並將薪水全數交給我的男性結婚。等孩子長大，我想要以興趣為出發點，將插花或是芳療做為我的事業，並受到社會的認同。」以上是她們對未來的想像圖。小倉千加子把這個「結婚，並以家事和興趣為職業」的志向稱為「新・全職主婦志向」。

在我認識的C大學學生中，到大企業工作的僅有一小部分，其他的無論男女大多會到中小企業就職。許多他們的前輩是在條件惡劣的公司上班，因此他們從一開始就不對工作懷抱希望。

不求工作表現，只想照自己想法過生活的B大學女性・夢想是三十歲買柏金包

B大學就是我現在任教的大學。我在課堂上向數百名學生做問卷調查，結果有不少女學生的未來志向是當全職主婦，但想要繼續工作的學生也不在少數。即使如

此，不求工作表現，只想照自己想法過生活的女學生，比想在工作上功成名就的來得多。她們希望能在大企業上班，尤其是不需要調動的職位最好。

大學四年級的吉田愛就是其一。自明年春天起，她就會到不動產相關公司就職。吉田愛完全無法理解老一輩工作至上的價值觀。

「說實在的，我一點也不想跟那些嘲諷我們是寬鬆世代，又強加自己價值觀在別人身上的ＬＫＫ*們工作。但是，主管是無法選擇的，如果不幸得跟這類人一起工作，我會裝作不認識，一點也不想跟他們扯上關係。可是我又希望他們可以整頓一下職場環境。這算是任性嗎？」

吉田愛非常具體地描述了人生計畫。

二十五歲，從業務部轉到有周休二日的其他部門，希望這個部門不需要在業績上與他人相互競爭。已結婚為前提與情人同居。養貓。

三十歲，買第一個柏金包。如果婚後住郊外，一定要有車。獲得一筆意外之財。

三十五歲，購買自己的家。育嬰假結束，重回職場。

四十歲，繼續工作。無論孩子想要學什麼才藝或上補習班，都能供得起。

寫了人生計畫的吉田愛，一點也不想當一位「工作人」。

「與其從早到晚都待在公司裡，領很多薪水，不如只要朝九晚五領相應的薪水就好。我沒有什麼大夢想。希望未來孩子們獨立後，中午跟先生悠閒地看個韓劇，每年海外旅遊三四次就好。為了某天突然生病住院，或是將來可能得要住在老人之家，得要有筆存款過日子。」

想在職場上闖出一片天的B大學女性，在就職活動中遭到差別待遇而喪失衝勁

接下來，要介紹B大學裡以將來想要在職場上闖出一片天的女學生們。她們對於婚姻的看法，與小倉千加子所說的「大學畢業生勝利組」相同，她們多追求「保存」，即「只要有能尊重我想工作一輩子的意願，一起分擔處理家務的人就好。」這些女大學生們的就職很典型，就是想進大企業工作，目標則是與男性同條件，將來有發展性的業務部門。比方說，大學四年級的松本優香這麼說道。

「我希望能是新進人員中業務成績最高的，並希望能因此取得企業內獎學金去

*譯註：日文原文「老害」，原本意指公司內部曾創下豐功偉業，後來一厥不振卻一直拿往事來說嘴的人。近年，日本成為超高齡化社會，高齡者有時會有許多令人困擾的作為：老是說著自己的豐功偉業、堅守守舊的價值觀，並強迫年輕人接受、一開口說話就說不停、急躁又易怒、仗著年老占他人便宜。這類年紀大的人被稱為老害。

國外留學。期望自己能毫不遜於男性，不斷挑戰不斷升遷。」

非常地奮發上進。然而，就算她事業心強，卻遲遲未能得到期望任職的企業的內定。正覺得奇怪時，就想起了這幾年來我留意到的現象。以前我任教的A大學中，有個優秀的女學生跟男性同樣進入了某大知名企業。然而，B大學卻以學歷加上性別複雜地記分，使得男學生在找工作上具有壓倒性優勢。

大學的專題討論通常得持續三年，期間每週三堂課，我都會與學生們見面，因此我深知各個學生的能力與個性。每年總有幾位非常優秀的男女學生。不但選題具有創意，成果也不錯，表達能力更是好，不只如此，他們都很勤勉又善交際。這樣的人如果是男性，就會非常受企業歡迎，能早早就得到人氣高的綜合商社或是知名大廣告公司的青睞。但如果是女性，就是得不到上述企業的內定資格。即使能力與傑出男性不相上下，也是同樣結果。如果只是第一年落選倒也還好，但我見識過非常優秀的女學生每年都在就職活動中落敗。她們不斷地被大企業刷下來，最後好不容易得到金融業或是較新成立的大企業的內定資格。

然而即使如此，那些口若懸河或是老是翹課的男學生還是頗受媒體業界歡迎。雖然學生們個性不錯，但三年來我看過太多翹課的學生，我確信，當翹課成為習慣後，即使成為社會人也難改惡習。如果我自己要創業，我絕對會雇用很快就會拿出成果的女學生。

當看到那些在課堂上老是遲到、作業完成度不高的男學生反而受到知名企業的青睞，女學生們就會失望地說「就職活動讓我理解何謂男女差異。」

如果要錄用B大學的學生，學生們最愛的知名企業只會選擇男性。有一次，我將這樣的狀況告訴某大企業的人事部人員，並義正辭嚴地告訴他們：「我們看來就像是沒有選擇標準。」結果，有人露出苦笑，有人會說出常說的藉口「女性一下子就離職了」、「女性缺乏上進心」。

早慶大學的女學生。因為媽媽路線而感到失望

我在偏差值約七十，早稻田與慶應之一的A大學，遇到許多想要在職場上好好發揮的女大學生。而且與前面提到的B大學部同，無論男生或女生都能獲得知名企業的內定資格。這些企業每一個都閃閃發光，從綜合商社、大廣告公司、媒體、大銀行、日本國內航空公司等日本具代表性的企業、外商銀行與企管顧問公司等等。

但是即使這些女性在就職活動上勝出，一旦要結婚或是生產就會遇到阻礙。在媒體工作的三十歲女性，雖然很想結婚，但由於周末假日也得忙於工作，因而開始懷疑自己的生活方式。身邊的人總是調侃她說「莫非妳要跟工作結婚」，對此她感

到厭煩。但是一旦結婚生產，煩惱還是斷不了。

中野円佳是名記者，有一本著作《育嬰假世代的困境》，在書中她提出了一個問題：「國立大學或早稻田慶應等大學畢業，擔任核心部門工作的女性們，為何在生產後『看起來』會對工作失去熱情呢？」

前幾志願學校的女生們，被迫在看似男女平等的教育課程中進行男性主義的競爭。她們在找工作時，與其想要在「對女性友善的職場」工作，更重視的是工作負擔雖然大，但有趣又有價值的工作。另外，在戀愛方面，她們覺得跟自己同等學歷或是更高學歷，或是會賺錢的男性是有魅力的，而且想與這類男性結婚。然而，精英男性大多熱衷於工作，或從事沒有多餘時間分擔家事與育兒的工作。

因此，她們只好在女主內的性別角色分工上，以女性這個身分調整工作時間，以分擔大多的家事與育兒工作。另外，她們對於養育孩子這件事也帶有強烈的責任感。如此一來，她們將無法如同生產前一般工作。於是，在職場上，她們被迫分配到雜務般的工作，或不需要負責任、沒什麼價值的工作。有一部分的女性們繼續做著沒有價值感的工作，自然而然地減低對工作的要求來減少心裡的罪惡感，試圖繼續工作。

曾經那麼渴求在工作上有一片天的女性們，並不是為了「女人的幸福」

不是失去對工作的熱情，而是必須降低對工作的熱情。這是結構上的問題。之前提到的人事部的男性說，女性不求上進。我想，或許表面上看來確實如此。然而，但更貼近真實的狀況難道不是「因為企業束縛了女性」嗎？

專欄補充⑥

女性離開職場真正的原因

有個研究試圖要解開女性之所以離開職場、喪失工作熱情的原因。如果你也認為「女性就是有一天會辭掉工作」、「問題都在於對工作有沒有熱情」，請務必讀一下這些書籍。

第一本書是《為何女性會辭掉工作》（なぜ女性は仕事をやめるのか）（二〇一五年）。這本書的內容針對曾受短大、高等專業學校（五年制）以上教育、並居住於首都圈的二十至五十歲的女性為對象，所做的學校畢業後的職涯發展調查。調查結果指出，在畢業後第一個公司任職，並擁有兩個孩子的女性，居然僅有1％（五十一人）。

仔細看看，女性們從第一份工作離職的理由，包括「其他工作更能發揮所長」（24％）、「這份工作沒有前景」（13％）等，對於工作的不滿遠超過「為了結婚」（9％）。企業方面，由於預見女性會為了結婚與生產而離職，因而設立預防政策。企業方不給予女性與男性同等機會發展職涯，抱持著「反正女性有一天會離職」的想法，而單只給予男性有價值感的工作與成長機會。事實上，這項策略反而促使女性離職（岩田．大澤　二〇一五）。

第二本書，書名是《職務格差》（二〇一五）。作者是大槻奈已，在此書中，他詳盡調查了前面提過的「企業給予男性有價值感的工作與成長機會」的狀況。

讓我們來看看，電機製造商A企業的例子。即使同為同職務與待遇的系統工程師，從一開始分派的職務就男女有別。管理階層（主要是男性）將系統工程師的主要職務「系統構築」分派給男性，女性則分派到「處理電腦的系統構築」、「顧客支援」、「強化某專業的職務」等。男性們可以經由被分派到的職務學習到知識與技術，女性卻無法經由系統工程師一職獲得專業的知識與技術。如此狀況長此以往，男性與女性對於專業領域的知識與技術將產生差距。其結果就是，男性比女性來得有升遷的機會。

另外是旅行社B公司的例子。「對外業務職」多分派給男性，「店頭櫃台職務」、「安排行程職務」則分派給女性，完全可從職務內容看出性別差異。在這家公司中，以業務賺錢的人能得到業績。而且，與店頭櫃台業務相比，能與企業接觸，賺得大筆金額的對外業務人員，也就是男性們，才能晉升為分店長、總公司課長或部長。

如果不消除依性別分派職務的狀況，反而更加強這類傾向，男女雇用機會均等法案通過後，女性也無法在職場上活躍。因此，女性管理職的增加更是遙遙無期。

第七章

克服假性單親的方法

不輕看自己

美國的超強主婦根本不夠看

美國有一本暢銷書《全職主婦2・0》，二〇一四年出版。作者是哈佛大學畢業的全職主婦埃米莉・馬徹查爾（Emily Matchar）。書中介紹，作者從美國一流大學畢業，歷經投資銀行、廣告公司、政府部門等職業，最後辭職回到家中成為全職主婦，並從中感受到喜悅的年輕世代生活型態。我對美國年輕全職主婦們如何以大量手作為工具處理家務，以及育兒方式感到好奇而開始閱讀該書。結果卻引起我的各種懷疑，以下是摘錄自書中部分文字。

「這本書介紹從在家生產到（中略）自己動手做斷奶食品、長時間以母乳育兒等內容，可以說是一本現代育兒指南。」

「各種知名育兒方法中，要屬親密育兒法最受歡迎。（中略）嬰兒想要喝母奶就馬上餵，一旦嬰兒哭泣就要好好地撫慰。重要的是經常用嬰兒揹帶將嬰兒背在身上。另外，要讓嬰兒睡在夫妻中間，以川字形睡法睡覺。」

「自己手縫」、「自己做麵包」、「自己種蔬菜」

這些都是日本媽媽平常在做的事呀！作者提到的，親手做斷奶食品、母乳育兒、讓嬰兒跟爸媽一起睡等，這些如果不照做，在日本可是會被醫院或是育兒相關人士指責的。現在，在家自己做麵包、在陽台種菜等非常稀鬆平常。在美國，由高學歷的全職主婦大力提倡的各種方法，日本媽媽早已在日常生活中實踐了。

努力過頭的媽媽們

讀完那本書，我深深地認為，現在的媽媽們真的努力過頭了。歐美各國如同繪本或是連續劇裡所看到的那樣，媽媽在生產完後就與嬰兒分房睡覺。法國的母乳哺育情況則是，母親們因工作關係或是其他因素有個別需求，分為餵母乳與不餵母乳的女性，並給予個別指導（松橋　二〇〇六）。與對於產婦，助產士與護理師們總是會不斷激勵母親們「要加油直到有母乳產生」的日本相比，法國母親真是要輕鬆得多。

另外，據說美國母親多是在超市購買離乳食品，到了傍晚從冰箱取出，放進微波爐裡解凍，或是到熟食店購買。而，日本的母親們把親手做離乳食品視為理所當然，每天要做三菜一湯（一道主菜，兩道配菜），並且被要求即使是離乳食品，也得注重品質。料理研究家土井善晴認為，現在忙於工作、育兒、家事，明明時間窘迫還被要求要料理三餐的女性，應該改為一湯一菜就好。對於土井女士的提議，大多數女性們高聲說道：「感覺變輕鬆了」、「這樣更安心」。

明明比起美國媽媽，我們的媽媽們個個身懷絕技，卻還認為自己做得不好，因而懷抱罪惡感。與他國相較起來，我們過於謹慎小心。如果從國際標準來看，媽媽們真應該要更放鬆才對。

各位媽媽們，你們可以挺起胸膛地認為自己做得很好才是。首先，要對自己有信心，不要老是怪罪自己。

讓爸爸一起參與家事育兒與學校事務

那麼，究竟該如何從假性單親的狀態中脫離出來呢？

放眼望去，在一堆教人如何兼顧家庭與工作的書堆中，大多會看到建議媽媽們「建立一個不依靠丈夫也能過得好的環境」，或是各種靠母親一人就能搞定的工作術與家事術。分明就是鼓吹媽媽們要更有效率地獨自努力，想來就令人難受。

我認為，要想從單打獨鬥的狀態中解脫，必須要靠周遭眾人們的協助。有父親的家庭，首先要請父親「儘可能」幫忙分擔家事與育兒。對孩子們來說，讓爸爸照顧很開心，有爸爸陪伴的時間增加，應該也能增進親子關係。再來，我要提議幾個增加爸爸參與度的方法。（當然，依個人狀況與問題的不同，方法因人而異，接下來我要分享的方法並不是萬靈丹。）

●避免長時間在娘家坐月子

回娘家坐月子，有人幫忙煮飯並照顧孩子非常輕鬆，幫助很大。

但是，千萬別忘了缺點。如果坐月子時間太長，父親與初生兒的互動機會也會減少。在某個案例中，由於產婦在娘家待超過一個月，造成丈夫對自己成為父親缺乏真實感，當妻子與孩子回家後，丈夫花了比較長的時間適應新的角色，也過了一段時間才習慣要幫忙照顧孩子。男性也需要體驗與新生兒初見面的感動、夜半餵奶的睡眠不足、為了換尿布而手忙腳亂，這一切雖然辛苦，卻能帶來前所未有的感動，如此累積自己成為父親的自覺與責任感。如果女性在產後沒有太多不適，應該避免為了貪圖輕鬆而在娘家待太久。相反地，如果家中空間尚可，讓娘家母親到自家幫忙也是一個方法。

●跟丈夫一起休育嬰假

如果要讓丈夫有積極參與育兒的想法與習慣，夫妻一起休育嬰假不失為一個好方法。如果長期育嬰假取得困難，休個短期的假也好。實際上，現在大約有六成父親休育嬰假的期間不滿兩週。令人惋惜的是，男性休育嬰假的比例僅只有個位數百分比。有很多人可能為了要不要休育嬰假感到猶豫。

其中最大的理由應該是一旦休了育嬰假，收入就會減少。二〇一七年起，日本已經立法通過，企業有義務採取防止育嬰假騷擾的措施。現今，由於政府全力支持男性休育嬰假，經由企業全面地應對，有的企業中男性職員取得育嬰假的比例已經達到八成。如果父親們想要積極地取得育嬰假，請跟主管商量，並是儘早規劃。

●讓父親體驗單打獨鬥

為了讓父親們了解育兒的辛苦，請讓父親們嘗試在半天或是一天內單獨照顧寶寶。藉由一個人實際幫寶寶換尿布、餵奶、安撫哭泣的寶寶的作業，相信父親們會理解獨自照顧孩子的辛苦。當爸爸照顧寶寶時，媽媽可以放假外出，藉此轉換心情，真是一石二鳥。一般，放假外出的媽媽總是會擔心爸爸一個人是否可以忙得過來，但可別忘了丈夫也是寶寶的另一個雙親呀！別忘了就連母親也是經歷過手足無措、狼狽不堪，才總算學會照顧寶寶的方法。請信賴丈夫，讓他學著照顧寶寶吧。

●讓家事與育兒的分擔視覺化

如果你覺得家事的分擔似乎不平衡時，將分工狀態視覺化就行。一覽表或是圖表，還滿能幫上忙。一則刊登在知名推特帳號MAMASTAR_SELECT上的一篇記事「給硬是『自以為有分擔』家事與育兒丈夫的分擔圖」在社群網站上造成話題。這張家事分擔圖一眼就能看清妻子與丈夫的分擔狀況，非常具有參考價值。

犬山的丈夫看了這張圖表後，回應道「原來我以為做了很多，做成圖表才知道還差很多，真是懊惱」、「如果能明確分工就好了」，似乎比想像中還要來得有效。

如同圖表上所示，「做早餐」、「清洗廁所」等各種項目，如果能考量到定期或是不定期，早上或是晚上，平日或是休假，再依據各自的工作狀況來決定每個人的分擔項目，不論是妻子或是丈夫都能對自己所該負責的部分負起責任來。

圖表　給硬是「自以為有分擔」家事與育兒丈夫的分擔圖

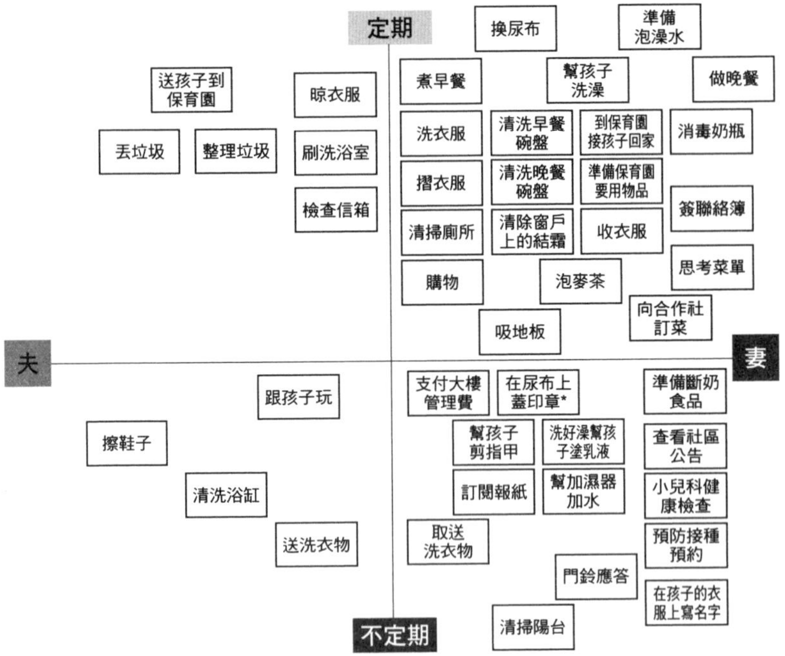

出處：推特帳號MAMASTAR_SELECT（執筆者：犬山柴子）

*日本媽媽在孩子進入保育園時會自行準備更換的尿布，並在孩子的尿布上寫名字（或蓋寫有小孩名字的印章）。

●一起找保育園

找保育園這件事，多由女性在產假或是育嬰假中獨自進行，如果從一開始找保育園就只有母親單獨進行的話，父親將難以認為這件事是與自己有關，將缺乏當事者意識。因此，從開始找保育園起，就要讓父親參與。找保育園有許多作業，諸如：收集各種保育園資料、參觀保育園、申請書的填寫與交出、帶孩子去健康檢查等。兩個人一起找資料、去參觀、互相商量，共同找出抽中保育園的對策。另外，兩人也能好好就哪間保育園比較符合各自的工作方式與教育想法討論一番。

開始上保育園後，會出現平常上學準備與接送、孩子生病時的照顧申請、家長日等各種與保育園相關的活動。以上這些，如果父親是從找保育園開始就接觸，他就比較理解也比較願意共同分擔。如果從找保育園開始就只由母親處理，那麼發生萬一時，還得重頭教起很麻煩，如此一來將很容易變成母親一人單打獨鬥。

●不要老是否定丈夫、標準不要過高

一邊工作，一般要處理家務、育兒，還要找保育園，實在太辛苦。如果在這樣的情況下，還老是挑剔對方，那麼對方很容易因沮喪而放棄。再加上，前面曾經提到，與歐美相比，在家事與育兒方面，日本女性是以高標準在要求自己。如果將那樣的高標準拿來要求男性，會讓人喘不過氣來。請記得要互相讚美、互相建言，讓日子過得很開心。

●請丈夫試圖與主管商量

雖然身為父親的丈夫回家時間平均來說很晚，但如果每週能有一天早點回家的話，會給妻子很大幫助。事實上，有很多情況下，男性在工作上是可以做某種程度的調整。現實中，有不少人這樣做。如果母親感到疲憊，請父親試著跟主管商量一下，偶爾儘早回家。有時候，即使跟主管商量，會因為遇到認為「男人就要工作至上」的主管而無法如願，但我曾聽聞過意外得到主管首肯的例子。所以，與其完全沒有表示，不如試著跟主管商量看看。

●萬一遭到主管阻撓時，該採取的下一步

前面說了一些讓丈夫分擔多一點家事與育兒的方法與訣竅，但可惜的是，就算有時間，就算費心試圖說服對方，還是有人會不太願意或是無法幫忙分擔家事與育兒。此時，就要盡快尋求外力協助。如果丈夫無論如何都無法幫忙分擔家事與育兒

的話，請主動找周邊的人幫忙。諸如請婆家、妻子娘家或是親戚幫忙帶孩子、與可提供家事服務與育兒協助的家事管理業者聯絡。如果認為只要出錢就好，而全權交給妻子處理，又增加了妻子的負擔。因為就算只是連絡對方，也算是家事的一種。

我建議妻子一定要不厭其煩地不斷地向丈夫勸說。我知道有些男性在過了一段時間後，漸漸地表現得像個父親。但是有些女性以「死心不再依靠丈夫，這樣才不會感到煩躁，也比較不會累積壓力」為由，從此一肩扛下所有責任。如果完全放棄對方，反而會讓兩人關係更加冷淡，丈夫有可能成為「只具有提款機功能」的人。

善用親戚與鄰居協助

●善用娘家與親戚

以往使用率頗高，現在逐漸減少——那就是家人、親戚與鄰居的人際網絡與支援。媽媽們，請不要對於借助家人‧親戚或是社區的育兒支援系統而有罪惡感。所謂的「三歲兒神話（孩子三歲前應由母親專心照顧的說法）」已經在一九九八年的「厚生白皮書」中以「一點合理的根據都沒有」為由，被澈底否定。

依賴婆家或娘家或親戚的人們，千萬不要太客氣，只要考量對方的狀況，將孩子託給對方照顧，或是一同照顧孩子就好。

●依賴社區的支援

如果婆家或娘家或親戚無法提供協助，還有政府單位的育兒支援系統可以使用。公家設立的單位比私人單位還要便宜，有些地方可能可以免費提供服務。以下表格是日本的地方自治團體提供的育兒支援服務。其他還有生產前後的支援，病兒保育等等。

另外，每個地方政府皆設置有名為「銀髮族人材中心」的公益法人團體。團體中大多是超過六十歲的銀髮族，他們擁有豐富的知識與經驗，並願意為需要的人服務。家事與育兒方面，此團體會為需要者介紹居住於住家附近的老太太，有時對方會願意幫忙介紹其他鄰居，彼此互相認識。只要有需要就向該團體報名，他們就會介紹會員提供協助。請安心打電話去銀髮人材中心。每小時約需費用三千日圓。

●拓展媽媽友交友圈

或許你會覺得麻煩，請試著多參加社區或是鄰里的活動，多認識合得來的媽媽友。另外，各地方政府設置有地區支援育兒據點，也提供了交流場所。如果有孩子正好在保育園或是幼稚園就學，請父母多參加學校活動，以拓展交友圈。彼此交流育兒煩惱，或是相約帶孩子一起出遊，就能降低育兒不安與孤獨感。

日本 地方自治團體所提供的育兒支援的實例

▶需要諮詢時——「使用者支援」

針對需要者提供從保育園·幼稚園、育兒支援事業等單位的介紹，並能依需要選擇相關服務。如果是與育兒相關的問題，任何人都可以免費諮詢。各地方自治團體皆設置有育兒支援處與行政窗口。

▶需要暫時托育時——「暫時托育」

當照顧者突然有急事或需要去兼職工作，或是需要放鬆心情時，可以到保育園、幼稚園或育兒支援處托育。兩小時約一千到一千五百日圓。

▶孩子需要寄宿一晚時——「短期寄宿中心」「政府委託民間辦理的短期收容中心」

此時有兩種選擇。一種是當照顧者需要出差或是由於身體不適住院，暫時無法照護孩童時，提供孩童短住宿的短期寄宿中心（Short Stay），另一種是在平日的夜間，需要暫時托育孩子時，政府委託民間辦理的短期收容中心（トワイライトステイ）。一次收費約三千日圓。

▶需要定期幫忙照顧孩子時——「家庭支援事業（Family Support）」

家庭支援事業是由需要育兒支援的人與想要從事育兒支援的人（有育兒經驗的三十到七十歲的人）所組成。是個能相互支援的有償志工團體。家事服務與保育園·幼稚園接送服務、托育服務等費用約為每小時一千日圓左右，比私人單位便宜。

讓公司的同事們成為助力

●與主管、同事溝通

當得知懷孕時、預計要請產假與育嬰假時、孩子要進入保育園時、育嬰假結束要回公司上班時、決定再找工作時，請多與主管聯繫溝通。對於主管來說，如果無法掌握下屬狀況，當有狀況發生時將無法應對。另外，如果事前不說一聲，突然間就要請假，不但接手的人麻煩，管理上更是會難以應對。

關於人們與主管的關係，史丹佛大學商學院的傑夫瑞．菲佛（Jeffrey Pfeffer）教授提到，以為只要有良好業績，即使不與主管交好也能獲得升遷，這是多數人會犯下的重大誤解。那麼，究竟影響考績與升遷的要素是什麼呢？不用多說，當然就是與主管有良好關係。另外，請求主管給予建議，不但能提升對方自尊心，也是讓主管更容易接納你的方法。

只要與主管建立良好的溝通模式，就算在工作方面無法做到良好業績，也能在職場上為自己站穩立足點。當你休完育嬰假，重回職場工作後，時常會必須要減短工作時間、或是因為孩子生病而必須請假或早退，此時，容易因為給同事帶來困擾而感到不安或是孤獨。為了補足負面影響，應儘可能向主管報告工作進度，以及保育園、幼稚園的狀況，或偶爾跟主管閒聊一下他關心的事物，主動積極地與主管保持良好溝通，會非常有幫助。趁午餐時間找主管聊聊也是不錯的做法。

平常把自己的情況告訴同事，如此一來，當他們需要代理你的工作時，比較能諒解。另外，當需要請同事代班時，不只要對同事表達感謝之意，也要跟主管報告狀況。藉由讓主管知道同事承擔的責任，讓自己與同事間的情感更上一層。

將想法傳達出去，並加以行動

以上是我所提出能讓身為父母者立即嘗試的方法，但憑父親與母親自己的努力還是有限。最主要的原因，還是在於整體制度與結構根本不利於養育孩子。想要改變這樣的狀況，重要的是我們每一個人的行動。

拜訪地區的自治團體時，在服務窗口表達意見與期望最有效果。另外，日本的女性議員很少，眾議院約一成、參議院約兩成、地方議會也約只有一成而已。能代表有養育兒女經驗的女性政治家太少，將使得該族群的聲音無法反映到政治上。就算平日忙於工作與育兒，重要的是將關鍵一票投給將焦點關注在育兒支援的候選人。

結語

謝謝你讀完這本書。

我跟許多的職業婦女同樣，曾經也在媽媽路線上努力工作，卻得不到等值的回報，因而興起我撰寫每日新聞經濟報的專欄「育兒生存戰」，這本書就是以該專欄發展而來。

長年來，我專精於撰寫民族誌，以在現場參與並觀察的方式進行研究。工作內容近似於花費數月乃至數年實地取材的記者工作。有時甚至得遠赴國外做田野調查。當我即將面臨生產，我體認到將來自己必須為了專心照顧兒子，而不得從事長期駐外的調查工作，有時可能一整天連一步都無法踏不出大門，這樣一來連國內的調查工作也將無法充分進行。這樣的狀況，對於重視長期駐點、理解群體內部狀況的參與觀察工作來說是一大禁忌。我因此無法找到一份正職工作，於是將未來能否繼續從事研究工作作為找工作的優先考量。也因為有此顧忌，當時我根本連將來自己生產後，是否能繼續保有研究工作都無暇思考。

然而，實際生產完，我就大膽斷言：「接下來的十年，我因為必須照顧兒子而不會有一份正職，我做為研究者的人生將在此結束！」而當我重讀某一本我最愛的研究著作，作者在前言中所寫的這樣一段話「這本書，我要獻給無怨無悔地撫育三個孩子並全力支持我研究工作的妻子」，引發了我不一樣的解讀。

當我因必須在家育兒非得放棄熱愛的研究工作，而感到失落與憤恨時，偶然間每日新聞數位媒體局的戶嶋誠司向我提出了撰寫關於職場母親辛酸專欄的邀約。剛開始，我有些猶豫。但在仔細思量之下，我知道這份工作適合帶著兒子去育兒現場進行採訪、並且也因為帶著兒子反而更讓對方容易放下心防，而我也因此多了跟兒子相處的機會。我想著，反正只能在媽媽路線上工作，就豁出去開始了調查育兒家庭的工作。目前為止的調查結果，我全數用在專欄與本書上。雖然至今我仍過著無法專心研究的日子，但所幸能在採訪現場專心一意。

為了撰寫本書，我參考了多位多年來致力於家族、勞動與性別研究的研究專家們的研究成果。多虧了這些前輩們，我也因此獲得成長。在此致上最高的謝意。這本書裡只引用了極少一部份資料，但在書末的參考文獻中，各位都可以看到這些為數眾多的精彩的著作與文獻。各位讀者如果有興趣，請務必親自找來閱讀，以品味其偉大之處。

尤其，我想要特別感謝當年帶我入門了解育兒與工作相關的社會學的大學專題指導教授渡边秀樹。我深深記得，那年老師在課末拋下一句「今天輪我帶小孩」轉身離開的身影。另外也要感謝平日與我閒聊的學生們，我學到許多。

我懷著大願著作此書，願年輕世代的女性與男性能共同創造出更容易生活的社會。

我還想要感謝參與調查的許許多多的人們，因為有你們，我才能寫出這本書。讓我在此向你們由衷致謝。

感謝專欄「育兒生存戰」的戶嶋誠司，以及企畫此書的每日新聞出版公司的峯晴子小姐。

最後，我要將此書獻給為了育兒、或是工作而奮鬥的每一個人。

藤田結子

二〇一七年六月一日

参考文獻

江原由美子「家事労働を『強制』するメカニズム」小倉利丸・大橋由香子編著『働く／働かない／フェミニズム』青弓社　1991年

遠藤公嗣「『同一価値労働同一賃金』原則と職務給のあり方」『るびゅ・さあんとる』10号　2010年

ジェフリー・フェファー　村井章子訳『「権力」を握る人の法則』日本経済新聞出版社　2011年

舩橋惠子『育児のジェンダー・ポリティクス』勁草書房　2006年

不破麻紀子・筒井淳也「家事分担に対する不公平感の国際比較分析」『家族社会学研究』22（1）2010年

濱口桂一郎『若者と労働』中央公論新社　2013年

林香里・谷岡理香編著『テレビ報道職のワーク・ライフ・アンバランス』大月書店　2013年

アーリー・ラッセル・ホックシールド　田中和子訳『セカンド・シフト』朝日新聞社　1990年

アーリー・ラッセル・ホックシールド　坂口緑・中野聡子・両角道代訳『タイム・バインド』明石書店　2012年

石井クンツ昌子『「育メン」現象の社会学』ミネルヴァ書房　2013年

伊藤公雄『〈男らしさ〉のゆくえ』新曜社　1993年

岩田正美・大沢真知子編著　日本女子大学現代女性キャリア研究会編『なぜ女性は仕事を辞めるのか』青弓社　2015年

木本喜美子『家族・ジェンダー・企業社会』ミネルヴァ書房　1995年

国立社会保障・人口問題研究所「第15回出生動向基本調査」2016年

国立社会保障・人口問題研究所「第5回全国家庭動向調査」2014年

厚生労働省「第1回21世紀出生児縦断調査（平成22年出生児）」2012年

厚生労働省「平成23年度全国母子世帯等調査」2012年

厚生労働省「平成24年度地域児童福祉事業等調査」2014年

厚生労働省「平成28年度雇用均等基本調査」2017年

黒田祥子「日本人の働き方と労働時間に関する現状」内閣府規制改革会議 雇用ワーキンググループ資料　2013年

エミリー マッチャー・森嶋マリ訳『ハウスワイフ2・0』文藝春秋　2014年

牧野カツコ・渡辺秀樹・舩橋惠子・中野洋恵編著『国際比較にみる世界の家族と子育て』ミネルヴァ書房　2010年

松田茂樹『何が育児を支えるのか』勁草書房　２００８年
松田茂樹「近年における父親の家事・育児参加の水準と規定要因の変化」『家計経済研究』（71）２００６年
皆川満寿美「政策を読み解く4『女性の活躍法』と『すべての女性が輝く政策パッケージ』」『女性展望』vol.６７１（11-12）２０１４年
三浦まり「新自由主義的母性」『ジェンダー研究』18号、お茶の水女子大学ジェンダー研究センター　２０１５年３月
文部科学省「平成28年度学校基本調査」２０１６年
森ます美・浅倉むつ子編『同一価値労働同一賃金原則の実施システム』有斐閣　２０１０年
妙木忍『女性同士の争いはなぜ起こるのか』青土社　２００９年
内閣府「女性の活躍推進に関する世論調査」２０１４年
中野円佳『「育休世代」のジレンマ』光文社　２０１４年
ＮＨＫ放送文化研究所「国民生活時間調査」２０１５年
仁平典宏「序章　揺らぐ「労働」の輪郭」仁平典宏・山下順子編『労働再審〈5〉ケア・協働・アンペイドワーク』大月書店　２０１１年
西村純子『子育てと仕事の社会学』弘文堂　２０１４年
落合恵美子『21世紀家族へ』有斐閣　１９９４年
小笠原祐子「性別役割分業意識の多元性と父親による仕事と育児の調整」『季刊家計経済研究』81号　２００９年
小倉千加子『結婚の条件』朝日新聞社　２００３年
大槻奈巳『職務格差』勁草書房　２０１５年
酒井順子『負け犬の遠吠え』講談社　２００３年
総務省「平成23年社会生活基本調査」２０１２年
総務省「平成24年就業構造基本調査」２０１３年
総務省「平成27年国勢調査」２０１６年
武石恵美子『国際比較の視点から日本のワーク・ライフ・バランスを考える』ミネルヴァ書房　２０１２年
柘植あづみ『生殖技術』みすず書房　２０１２年
辻由希「第二次安倍内閣における女性活躍推進政策」『家計経済研究』（１０７）２０１５年
筒井淳也『結婚と家族のこれから』光文社　２０１６年
筒井淳也『仕事と家族』中央公論新社　２０１５年
上野千鶴子『家父長制と資本制』岩波書店　１９９０年

上野千鶴子・信田さよ子『結婚帝国　女の岐れ道』講談社　２００４年
山田昌弘『モテる構造』筑摩書房　２０１６年
大和礼子・斧出節子・木脇奈智子編『男の育児　女の育児』昭和堂　２００８年

Note

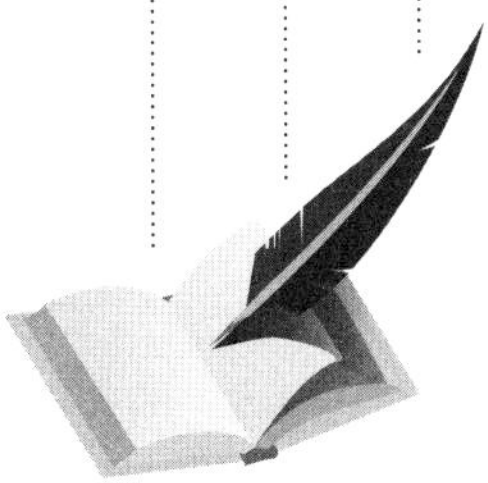

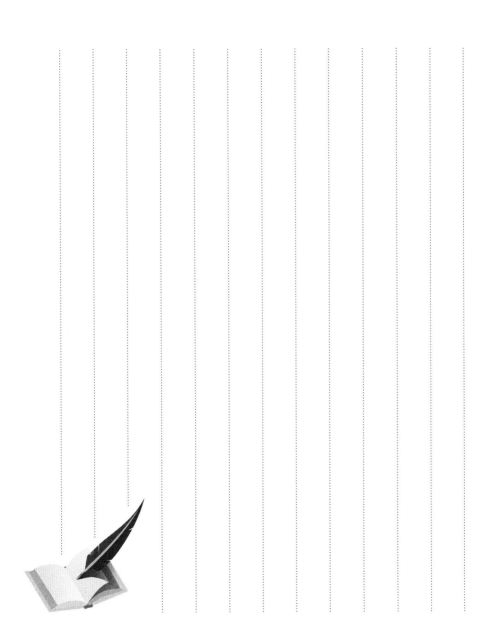

Note

國家圖書館出版品預行編目資料

為母則強，偶爾也要放過自己——一位社會學家的真切提醒 / 藤田結子著 ; 簡毓棻譯. -- 初版. -- 新北市 : 世潮, 2018.08
面 ;　公分. -- (暢銷精選 ; 70)
譯自 : ワンオペ育児 : わかってほしい休めない日常
ISBN 978-986-259-055-3(平裝)

1.女性　2.日本

544.5931　　107008640

暢銷精選70

為母則強，偶爾也要放過自己——一位社會學家的真切提醒

作　　者 / 藤田結子
譯　　者 / 簡毓棻
主　　編 / 陳文君
責任編輯 / 曾沛琳
封面設計 / 林芷伊
出 版 者 / 世潮出版有限公司
地　　址 / (231)新北市新店區民生路19號5樓
電　　話 / (02)2218-3277
傳　　真 / (02)2218-3239（訂書專線）、(02)2218-7539
劃撥帳號 / 17528093
戶　　名 / 世潮出版有限公司
世茂官網 / www.coolbooks.com.tw
排版製版 / 辰皓國際出版製作有限公司
印　　刷 / 祥新印刷股份有限公司
初版一刷 / 2018年8月

I S B N / 978-986-259-055-3
定　　價 / 280元